Tianshi

Catalogage avant publication de Bibliothèque et Archives nationales du Québec et Bibliothèque et Archives Canada

Therrien, Johanne, 1964-
Tianshi : la voie des anges
ISBN 978-2-89436-649-3
1. Anges - Miscellanées. 2. Vie spirituelle. 3. Médecine énergétique.
I. Titre.
BF1623.A53T43 2015 202'.15 C2015-940343-X

Nous reconnaissons l'aide financière du gouvernement du Canada par l'entremise du Fonds du livre du Canada (FLC) pour nos activités d'édition.

Nous remercions la Société de développement des entreprises culturelles du Québec (SODEC) pour son appui à notre programme de publication.

Gouvernement du Québec – Programme de crédit d'impôt pour l'édition de livres – Gestion SODEC.

Infographie de la couverture : Marjorie Patry
Mise en pages : Josée Larrivée
Révision linguistique : Amélie Lapierre
Correction d'épreuves : Michèle Blais

Éditeur : Les Éditions Le Dauphin Blanc inc.
Complexe Lebourgneuf, bureau 125
825, boulevard Lebourgneuf
Québec (Québec) G2J 0B9 CANADA
Tél. : 418 845-4045 Téléc. : 418 845-1933
Courriel : info@dauphinblanc.com
Site web : www.dauphinblanc.com

ISBN version papier : 978-2-89436-649-3
ISBN version numérique epdf : 978-2-89436-650-9
ISBN version numérique epub : 978-2-89436-651-6
ISBN version numérique mobi : 978-2-89436-652-3

Dépôt légal : 2e trimestre 2015
Bibliothèque nationale du Québec
Bibliothèque et Archives Canada
Données de catalogage disponibles auprès de Bibliothèque et Archives nationales du Québec.

Imprimé au Canada

Johanne Therrien, M. Sc. Inf.

Tianshi

La voie des anges

Le Dauphin Blanc

À ma mère, Nicole,
à travers qui cette dimension
a toujours vécu en secret.

À ma fille, Sabrina.
Les anges l'accompagnent
maintenant tous les jours de sa vie.

À mes étudiants,
des passionnés du monde angélique
en quête de la paix de l'âme.

À vous tous
qui êtes à la recherche de réponses à vos expériences
et rêvez de vivre dans la douce énergie des anges.

Table des matières

Remerciements

Merci à mon mari pour son soutien, sa compréhension et surtout pour la confiance qu'il me témoigne dans tous nos projets. Merci pour tout le temps qu'il me libère lorsque l'inspiration angélique s'installe. Merci pour sa grande disponibilité.

Merci à mes enfants, Gabriel et Sabrina, pour leur soutien, leur accompagnement et leur capacité d'adaptation à travers l'écriture de ce livre. Merci d'accueillir les anges dans vos vies.

Merci à Alain Williamson, un éditeur en or qui a cru en moi dès la présentation de mon sujet d'écriture. Merci pour sa diligence et sa passion de l'écriture.

Un merci spécial à Marie-Chantal Martineau pour la magie qu'elle a su insuffler dans la création de l'illustration de la page couverture. Une œuvre d'art en soi.

Merci à mes praticiens et maîtres Tianshi pour leur confiance, leur enthousiasme et leur partage d'expériences vécues avec les anges. Ils sont la raison d'être de l'école.

Merci à France Gauthier pour sa générosité. Cette éclaireuse nous ouvre la voie de la compréhension de nous-mêmes et de l'univers. Merci de mettre des mots sur ce qui est.

Un merci spécial aux anges qui m'accompagnent quotidiennement: Gabriel, Michaël, Raphaël, Métatron et Uriel. Ils me guident et me transmettent toutes ces informations auxquelles je n'aurais jamais pu avoir accès sans eux.

Prologue

Depuis 2012, nous constatons qu'une nouvelle énergie s'installe dans notre monde. De plus en plus, nos questions obtiennent des réponses. Le voile de l'incompréhension se lève et des éclaircissements surgissent. Nous remarquons également que les êtres des autres mondes commencent de plus en plus à vouloir se manifester concrètement dans notre dimension. Nous n'avons plus à désirer quitter notre vie ou notre corps pour joindre les mondes célestes. Ce sont eux qui souhaitent s'unir à nous et s'intégrer à notre vie terrestre. Les anges veulent faire partie intégrante de notre vie. En acceptant leur aide et leur « guidance », il est merveilleux de constater à quel point nos vies se transforment rapidement et positivement.

J'ai choisi d'écrire ce livre sur le Tianshi afin d'apporter un nouvel éclairage au sujet des anges. En mandarin, le mot *Tianshi* signifie « ange ». Pendant des années, j'ai cherché des réponses à mes expériences avec l'autre dimension et plusieurs d'entre elles me sont arrivées lorsque les anges sont entrés dans ma vie.

À la lumière de mon parcours personnel, j'espère pouvoir vous guider vers un espace de paix et de facilité, car c'est ce que le monde angélique m'a apporté concrètement. Il est maintenant possible à nous tous de « contacter » les anges et les êtres de lumière et d'installer une paix dans notre vie. En mettant de côté notre mental et en nous centrant sur le cœur, une brèche s'ouvre et permet aux messages d'amour de nous parvenir. À nous le plaisir de les transmettre par la suite.

Ce livre est le fruit de mon expérience de vie, de ma pratique et d'informations transmises par les anges lors de canalisations. Dans la première partie, je décris d'abord le chemin que j'ai parcouru afin de faire entrer les anges dans ma vie. La deuxième partie traite plus spécifiquement de la communication avec les anges. Elle apporte un éclairage théorique en lien avec les anges, les archanges et leur guidance. Par la suite, j'explique que l'approche Tianshi est née d'une synthèse de ma pratique en soins énergétiques et de messages reçus des anges. Cette approche simple et facile permet de « recontacter » notre essence divine, cette partie de nous vivant éternellement dans la paix.

Ainsi, à travers cet écrit, j'espère partager avec vous ce monde merveilleux et magique qui est offert à tous. Il est plus facilement accessible que vous ne pourriez le croire. Ouvrez la porte de votre cœur aux anges et donnez-leur la possibilité d'éclairer votre vie. Elle deviendra alors plus douce.

Avec tout mon amour,

Johanne

Message de saint Christophe

« Il fut un temps où les choses étaient différentes. Les choses se faisaient différemment.

De tels dons étaient mal perçus. Il a fallu attendre des temps immémoriaux pour que vous vous retrouviez et soyez à même de pratiquer cet art en toute simplicité.

Et voilà, ce jour est arrivé. Le temps est propice.

Beaucoup d'entre vous ont de grands messages à livrer. De grandes vérités doivent être mises à jour. Soyez bénis et heureux de servir une noble cause. Plusieurs d'entre vous seront appelés.

À vous de choisir la voie. Mais celle-ci est propice à la facilité. De nouvelles énergies arrivent. Soyez humbles et disponibles pour les capter.

Bien à vous, »

Saint Christophe

Introduction

L'élément déclencheur

« En parlant des anges, on leur voit les ailes. »

– Proverbe québécois

Passionnée des conférences de Doreen Virtue, auteure du livre *La thérapie par les anges* et ambassadrice de la communication angélique, j'assistais à chacune de ses allocutions offertes à Montréal. J'adorais me retrouver dans l'énergie de ces rencontres et me fondre dans la masse des gens partageant mon amour pour les anges. En 2010 et 2011, lors de ces rencontres, nous, les participants, avions la possibilité de rencontrer, en personne, cette femme merveilleuse, Doreen Virtue, et de l'écouter nous entretenir du merveilleux monde angélique. Comme elle avait publié des dizaines de livres sur le sujet, elle était « la » référence dans le domaine.

Je me souviens de la première fois où je suis entrée dans l'auditorium de l'UQAM pour assister à sa première conférence à Montréal. J'ai tout de suite vu une multitude d'anges tournoyer et danser au plafond de la salle. D'allure féminine, les anges portaient de grandes robes aux tons laiteux. C'était une vision majestueuse juste avant la présentation de Doreen Virtue. Peut-être que ces anges préparaient l'énergie de la pièce avant la venue de cette grande dame.

Doreen, qui ressemblait à un ange, nous a d'abord parlé de sa communication avec les anges. La conférence comportait de merveilleux enseignements théoriques et des exercices pratiques afin de recevoir les messages des anges. Pour ma part, depuis des années, je vivais une expérience en ce sens. Une voix me guidait et se manifestait toujours selon son bon désir et à des moments imprévus.

Doreen nous a aussi présenté son fils, Charles, qui allait donner une formation en « certification angélique » en septembre 2011. À la pause, la voix me dit à l'oreille de m'inscrire au programme de certification angélique. Je n'y voyais aucun intérêt et son coût était élevé. La formation allait se donner sur trois jours et je ne savais pas si j'allais obtenir un congé pour y assister. Cela dit, ayant appris à écouter les messages des anges sans discuter, je m'y suis inscrite. J'ai payé avec ma carte de crédit. Les anges s'arrangeraient pour trouver l'argent afin de la rembourser.

À la date fatidique, je n'avais pas le désir de participer à ces trois jours de formation. Il aurait été bien plus agréable de rester chez moi à me reposer, mais comme j'avais payé d'avance, j'ai décidé d'y assister quand même. Une amie s'est jointe à moi et nous avons fait le trajet ensemble. En arrivant dans le stationnement de l'hôtel, nous avons trouvé deux plumes blanches à nos pieds. Uniquement deux, pas plus, pas moins. Un signe des anges sans aucun doute. J'étais un peu plus rassurée. Nous avons donc emporté ces deux trésors. J'en ai déduit que c'était le signe que nous étions à la bonne place.

L'atelier

L'atelier a débuté. J'ai constaté rapidement que je connaissais déjà la matière enseignée par Charles Virtue. C'était une répétition de ce que je faisais avec mes clients lors de soins énergétiques : couper les liens éthériques indésirables, invoquer les anges, parler aux personnes décédées, contacter les vies antérieures, etc. De plus, je pensais exactement comme lui à propos de tous les sujets qu'il abordait. Je l'écoutais et j'étais un peu déçue de ne pas apprendre de nouvelles informations. Mes collègues m'ont alors rassurée en me disant que c'était possiblement une confirmation que j'étais dans la bonne voie et que lui et moi travaillions de manière similaire.

Toutefois, un propos que Charles Virtue a tenu lors de la première journée a transformé ma vie. Il a dit : « Il n'y a pas de *copyright* sur cette formation et vous pouvez la reprendre et la donner. » Il a aussi ajouté : « Il manque de formateurs en communication angélique dans notre monde. » Ce fut une révélation. Un déclic s'est fait en moi. Le soir même, j'ai avisé mon mari que nous allions donner des ateliers de communication angélique et il a tout de suite approuvé.

Pendant le reste de la formation, je me suis sentie bercée par les ailes d'un ange. J'ai pris quelques notes durant les dernières journées et j'ai structuré deux jours complets d'ateliers de communication angélique et j'ai pris comme point de départ les enseignements de Charles Virtue. Un mois plus tard, mon mari et moi avions créé, en partie, un site Internet, fixé des dates de formations, réservé un local, imprimé des affiches publicitaires, structuré un plan de cours, des méditations angéliques et des exercices pratiques. Nous étions prêts à faire découvrir à tout un chacun le merveilleux monde des anges.

Mon premier essai

Le jour du premier atelier, j'étais très nerveuse. Je me lançais dans le vide avec cette nouvelle aventure. Même si j'avais déjà fait des présentations devant des groupes, donner deux jours entiers de formation allait me demander une bonne dose d'énergie et de courage. Je choisissais aussi de m'afficher publiquement en tant que «personne parlant aux anges» afin de guider les gens dans cette discipline.

Les anges ne me laissèrent pas tomber. Deux nuits avant le premier atelier, une voix douce et claire m'a réveillée à deux heures et disait mon nom. Lorsque j'ai ouvert les yeux, j'ai vu un ange magnifique, tout lumineux, blanc bleuté et jaune. Il vacillait dans le miroir de ma salle de bain. Il se présentait sous une forme lumineuse, radieuse, apaisante et oscillante. Cette vision m'a rassurée immédiatement. J'ai su que j'étais dans la bonne voie. Les anges allaient m'accompagner lors de cette première formation. Une paix s'est installée en moi et je me suis rendormie. Les anges étaient avec moi. J'ai ressenti l'amour et la douceur réconfortante de leur présence.

Nous avons donné, mon mari et moi, les deux premiers ateliers avec cœur et passion à un groupe de douze personnes, à Laval. Malgré ma grande nervosité, le premier atelier a été un franc succès et cela m'a encouragée à poursuivre ce travail. Au deuxième atelier, je me suis laissé guider, comme lorsque je donnais des soins énergétiques. J'étais un canal et les anges décidaient des choses à faire et à dire. Les anges me soufflaient à l'oreille les mots à changer et à ajouter durant le cours. C'était magique. Tous les participants ont adoré et le groupe nous a demandé une suite. Un troisième atelier portant sur les anges terrestres, les fées et les élémentaux s'est ensuite ajouté quelques mois plus tard. Je ne savais pas, à ce moment, que l'atelier de communication angélique n'était qu'un point de départ vers la création d'une future école de Tianshi.

Or, en acceptant de réaliser nos rêves, le monde angélique nous accompagne et nous ouvre les portes de la réussite. Trouver notre voie n'est pas toujours facile et demande parfois de surmonter nos obstacles intérieurs, mais cela en vaut la peine. Le sentiment de joie procuré par la sensation d'être à la bonne place ne se compare à rien au monde.

Mais, avant d'en arriver à ce point, un long chemin a été parcouru.

PREMIÈRE PARTIE

Le chemin menant aux anges

Chapitre 1

Les premières apparitions

« Les fleurs du printemps sont les rêves de l'hiver
racontés le matin, à la table des anges. »

– Khalil Gibran

Dès ma tendre enfance, j'ai rapidement constaté que je percevais des choses que d'autres personnes ne percevaient pas. Une nuit, alors que je dormais calmement, un sentiment étrange m'a réveillée. Dans la pénombre, j'ai regardé du côté de ma garde-robe et j'ai vu mon grand-père, Arthur. Il m'observait fixement et se tenait là, au fond de ma chambre, en plein milieu de la nuit. Pourtant, il était décédé depuis plusieurs années. N'ayant que sept ans à l'époque, j'étais terrifiée et je ne comprenais pas pourquoi il se présentait à moi. Je ne saisissais pas non plus comment il était possible que je le voie.

Pourtant, je pouvais décrire les détails de ses vêtements. Il portait une grande robe blanche étincelante et j'ai remarqué que ses jambes se terminaient par une brume vaporeuse à la place des pieds. Il était sans mot et me regardait intensément. Lors de ces apparitions, il restait immobile et ne faisait pas un son. Le même scénario se répétait souvent. Mon grand-père se présentait, la nuit, dans mon cadre de porte ou dans ma garde-robe. Chaque fois, je fermais les yeux et je me cachais sous les couvertures pour fuir son regard, par crainte. Pourtant, j'adorais mon grand-père. Il était mon parrain et il s'était beaucoup occupé de moi de son vivant. Il nous avait quittés alors que je n'avais que cinq ans.

Les présences

Étant très jeune lors de ces apparitions, j'avais de plus en plus peur de dormir seule dans mon lit. Heureusement, pour des raisons de commodité, ma sœur cadette et moi partagions le même lit. Le soir venu, je lui serrais la main très fortement avant de m'endormir. Je craignais d'autres manifestations. Me voyant apeurée de la sorte, elle aussi en était presque venue à avoir peur dans le noir.

Si je me levais la nuit pour aller à la salle de bain, en passant devant les miroirs, il me semblait voir le reflet déformé d'êtres fantomatiques. Les photographies sur ma commode reflétaient des visages difformes. J'avais de la difficulté à dormir paisiblement, car j'appréhendais de voir apparaître des présences dans ma chambre. J'avais pris l'habitude de laisser une veilleuse allumée toute la nuit en espérant contrer ces visions.

Parfois, lorsque la peur devenait trop grande et que je voyais des êtres se présenter à moi la nuit, je réveillais mes parents pour les informer de ces apparitions. Comme ils ne voyaient pas les mêmes choses que moi, ils me disaient que je devais retourner dormir, que je voyais des choses qui n'existaient pas. Je retournais dans mon lit. Les êtres étaient encore là, à la même place. Alors, je me cachais sous les couvertures et je répétais à haute voix : « Tu vois des choses qui n'existent pas ! »

En grandissant, malgré mes peurs, j'apprenais à vivre avec ces manifestations. À l'adolescence, plusieurs de mes amies connaissaient ma capacité à ressentir l'énergie des défunts. Lorsqu'elles entendaient des sons étranges dans leur appartement, supposant qu'une âme perdue errait dans la maison, elles m'appelaient et j'allais les visiter.

Naturellement, je savais que je pourrais constater si des êtres décédés s'y trouvaient. J'observais alors leur présence, mais je ne savais pas quoi faire pour en libérer mes amies ou leur demeure. Alors, je retournais chez moi et, chaque fois, je me réveillais au milieu de la nuit et je réalisais qu'une âme errante m'avait suivie. Elle se tenait dans l'embrasure de ma porte. J'étais encore plus apeurée et je tentais par tous les moyens de la chasser.

J'ai tenté d'appeler tous les saints pour me venir en aide, mais rien ne fonctionnait. Je tenais à me débarrasser de ces êtres aux basses énergies. Alors, un jour, je me suis visualisée en train de donner la main à ces êtres fantomatiques et de leur souhaiter la paix. Je leur ai dit mentalement: «Je vous souhaite d'être en paix, car moi, je désire être en paix.» Miracle. Ils se sont mis à disparaître instantanément. À chaque manifestation onirique, je leur souhaitais d'être en paix et ils s'évaporaient. Je ne comprenais pas comment cela se produisait, mais le résultat était efficace.

Les malaises

À la fin de l'adolescence, je vivais la plus grande période trouble de toute ma vie. J'étais souvent dépressive, je ne trouvais pas de sens à ma vie. Tout allait mal. Je n'étais heureuse ni dans mon travail étudiant, ni dans mes études, ni dans ma vie amoureuse. Je trouvais difficile de vivre dans ce monde et je n'y étais pas très attachée. Le monde tel qu'il m'était présenté, comme une bataille, un monde rempli de problèmes et de malheurs ne m'intéressait pas. Je me demandais quel était mon chemin dans cette réalité peu familière. Je me sentais parachutée dans un monde inconnu, loin de mon vrai chez-moi.

Mon corps manifestait ce mal-être par des indigestions majeures et d'autres malaises physiques. Il m'arrivait souvent de me retrouver pliée en quatre, au sol, les bras engourdis, l'estomac noué. Pour me soulager, j'allais en forêt et je criais ma souffrance à la nature. Je parlais au ciel et je lui disais que si j'avais quelque chose à faire dans ce monde, de me le faire savoir. Je cherchais un sens à ma vie.

Dans un boisé, près de chez moi, je m'étais faite amie avec un arbre. Seul compagnon et confident de mes souffrances. Je partais à la rencontre de cet arbre majestueux que j'allais serrer contre mon cœur. Je lui demandais de me donner de son énergie afin de soulager ma douleur et il semblait me comprendre. Selon les apparences, ma vie semblait parfaite : j'avais un *chum*, un travail étudiant et une formation universitaire en cours. Mais, il me manquait le plus important, soit un sens à mon incarnation.

C'est à ce moment précis que de plus en plus d'êtres lumineux se sont présentés dans mes rêves ou dans mes états de demi-sommeil. Ils venaient me livrer des messages d'amour et d'espoir. Presque toutes les nuits, des présences lumineuses se manifestaient à moi. J'avais l'impression qu'elles voulaient me dire qu'elles m'accompagnaient durant cette période difficile et qu'elles partageaient ma détresse. Ainsi, un soir, une dame lumineuse d'une blancheur immaculée est apparue à côté de mon lit. Elle était debout, à ma droite, et elle portait un immense chapeau blanc lumineux, des vêtements vaporeux très blancs et elle me regardait avec amour. Sa seule présence m'apporta un sentiment de réconfort qui me permit de me rendormir doucement.

Des apparitions semblables ainsi que des rêves prémonitoires commençaient à se succéder de plus en plus fréquemment la nuit.

Une nuit, je fis un rêve particulier que je n'oublierai jamais. Alors que je dormais profondément, j'entrai dans un rêve au décor très éclatant et trois hommes rayonnants se sont avancés vers moi en marchant sur un sol sablonneux. Ils étaient habillés de vêtements simples. Celui qui était au centre portait une chemise bleu pâle et un pantalon sobre dans des teintes de beige. Ils semblaient tous porter des tenues d'une autre époque. Un calme émanait d'eux. Ils se sont avancés directement vers moi. Ils se sont rapprochés les uns des autres, se sont pris les épaules et m'ont dit : « L'amour est plus fort que tout. » Ils se sont retournés et sont repartis d'où ils étaient venus.

À cette époque de ma vie, cette vérité si simple ne signifiait rien pour moi. J'avais environ seize ans. Je ne savais pas quoi faire de ce message alors que tout allait si mal dans ma vie. Je ne pouvais pas comprendre le sens profond de ces paroles. Il a fallu près de trente ans pour que je puisse saisir que « l'amour peut tout régler, tout pardonner et qu'il est la réponse à tous les maux ».

Malgré ce très beau rêve symbolique, ma vie n'allait toujours pas mieux. Je cherchais encore des réponses à mes visions et un sens à mon incarnation sur terre. J'étais de plus en plus attirée par les médecines énergétiques et c'est à travers la découverte de celles-ci que j'espérais trouver des réponses à mes questions.

Certaines réponses me sont parvenues par l'intermédiaire de ma formation universitaire en soins infirmiers. Une formatrice en médecine douce est venue nous rencontrer, mes collègues et moi, dans un cours au baccalauréat. Elle avait été formée aux États-Unis comme instructrice en polarité et elle offrait une formation à Québec. Elle nous parla du cours de quatre cents heures qu'elle offrait et qui permettait d'allier soins infirmiers standards et vision holistique.

Je sentais grandir une force en moi et je désirais ardemment en connaître plus sur le sujet. Peut-être que j'allais enfin avoir des réponses à mes questions. Cette dame nous proposa une démonstration devant le groupe et je me suis tout de suite offerte comme cobaye. Dès que ses mains ont commencé à se déplacer sur certains points réflexes de mon corps, je sentais mon énergie circuler plus facilement. C'était une sensation très agréable. Je sentais mon corps accueillir généreusement une nouvelle énergie vivifiante. Je percevais au fond de moi que cette formation pourrait m'apporter des éclairages sur ce que je vivais.

Il m'a toutefois fallu attendre plus d'un an pour pouvoir m'inscrire, car je n'avais pas la somme pour rembourser le coût de cette formation. Mais, l'année suivante, j'ai choisi d'utiliser l'argent de mon prêt étudiant pour me payer le cours. Le moment de l'inscription a été très déterminant pour moi. Je me suis présentée à la formatrice et je lui ai dit clairement: «Je ne veux pas apprendre une technique, mais je veux changer complètement ma vie!» Avec un grand calme, elle m'a répondu que ce cours changerait totalement ma vie. Et je l'ai crue! C'était une porte ouverte sur une autre vie!

Chapitre 2

Les enseignements

> « Je ne me demande pas où mènent les routes ;
> c'est pour le trajet que je pars. »
>
> – Anne Hébert

À 21 ans, je me suis initiée à une première pratique parallèle : la polarité. J'étais la plus jeune des étudiants dans ce cours aux mille possibilités. Cette formation fut une première brèche vers un monde meilleur. Par le toucher, j'appris à entrer en contact avec le corps énergétique des gens et à permettre aux autres de rétablir leur énergie. J'ai alors constaté l'immense impact du travail énergétique sur les gens et sur moi-même. Un sentiment de satisfaction s'installait de plus en plus en moi.

En polarité, nous avions appris à détecter une série de points réflexes précis sur tout le corps en suivant les méridiens, ceux-ci étant reliés aux différents éléments : terre, eau, feu, air et éther. Nous disposions d'une vingtaine de polarités (une suite de points réflexes selon des méridiens) ayant chacune un but précis. C'était passionnant. Je découvrais un monde nouveau et je côtoyais des gens ayant des aspirations semblables aux miennes : aider les autres et soi-même. Mes nouveaux apprentissages m'aidaient à me retrouver ainsi qu'à clarifier ce dont je ne voulais plus dans ma vie. Je ne savais pas encore ce que je désirais vraiment, mais je savais ce que je n'accepterais plus. Je ne voulais plus d'une vie malheureuse et triste. Je ne voulais plus être malade. Je ne voulais plus voir mon corps souffrir.

Durant cette formation, échelonnée sur deux années, j'ai commencé à recevoir quelques amis en *pratique privée*. Je sentais naître un sens à ma vie. Je me faisais du bien en en faisant aux autres. Ainsi, ma santé physique s'améliorait et mes vrais désirs se clarifiaient de plus en plus. C'était merveilleux.

Cependant, sur le plan du travail infirmier, une pénurie de postes en soins infirmiers sévissait à Québec. À 23 ans, j'allais donc choisir de déménager à Montréal. Cette métropole m'offrait la possibilité de travailler à temps plein, alors que seulement quelques emplois à temps partiel, à deux nuits par semaine, m'étaient offerts à Québec. Après avoir été courtisée par différents hôpitaux de Montréal, j'ai penché pour un remplacement en milieu scolaire. Celui-ci me permettait d'être disponible les soirs et les fins de semaine afin de poursuivre mon périple vers de nouvelles connaissances. C'était un poste temporaire et d'une durée indéterminée, mais l'horaire était idéal pour moi.

J'ai tout quitté, ma ville natale, mon emploi, mon conjoint de l'époque, et je suis allée vivre à Montréal. À partir de ce moment, je me suis créé une nouvelle vie plus conforme à mes désirs et aspirations. Comme personne ne me connaissait là-bas, je savais que je pourrais être qui je voulais, avoir un nouveau départ.

Mon déménagement à Montréal m'offrait la possibilité de satisfaire ma soif de connaissances, car une plus grande variété de formations m'était maintenant accessible. Voulant satisfaire mon désir d'en apprendre plus sur les médecines énergétiques, j'ai vécu une croisade de formations pendant les années qui ont suivi. Je me sentais comme un ordinateur qui emmagasinait une multitude d'informations. Je ne pouvais m'empêcher de prendre formation après formation comme si je faisais une course à relais.

Le rêve éveillé

J'ai commencé mon périple par deux années de cours sur le rêve éveillé. La formatrice, Marie Coupal, avait publié un livre sur les rêves et leurs symboles. J'avais adoré ce livre et je le considérais comme une bible personnelle depuis des années. Je le connaissais presque par cœur et, déjà, avant de suivre sa formation, je m'amusais à analyser les rêves de plusieurs de mes collègues de travail. Je souhaitais ardemment suivre les enseignements de cette femme extraordinaire. Ce qui s'est concrétisé.

En guise de thérapie, Marie utilisait le rêve afin d'apporter des transformations énergétiques et émotionnelles dans ma vie. Elle me guidait en visualisation et me faisait descendre dans des grottes imaginaires où elle m'enseignait comment faire apparaître tout ce dont j'avais besoin afin de me libérer de la peur et de surmonter mes obstacles intérieurs. Dotée de baguettes magiques et d'instruments variés, je terrassais mes peurs les plus profondes dans l'âtre de mon subconscient. Elle m'aidait à utiliser la symbolique des rêves conscients pour atteindre de grandes délivrances physiques et émotives. Mes questions intérieures commençaient à trouver des réponses. Je continuais à avancer doucement vers une nouvelle compréhension du monde et de moi-même.

Au cours de ces deux années, je m'étais liée d'amitié avec cette dame merveilleuse. Nous partagions des valeurs communes et celle-ci me proposa de l'accompagner dans une retraite fermée dans un monastère. Nous allions passer une fin de semaine de méditation dans un endroit retiré de la ville et très paisible. Nous avions chacune une chambre avec un lit très sobre, mais confortable. Nous logions dans des chambres ayant servi aux moines autrefois. Maintenant, ces lieux étaient ouverts au public.

C'était un endroit paisible où plusieurs moines avaient passé leur vie entière. Après une journée au grand air, le soir venu, nous nous sommes couchées paisiblement. Vers trois heures du matin, je me suis réveillée et j'ai vu un moine vêtu d'une toge brune et d'un béret brun se promener dans ma chambre. Il portait un livre ancien et bruni à la main. Il semblait réciter des versets notés dans son livre. Je voyais ses lèvres bouger, mais aucun son n'en sortait. Il portait des habits d'une époque ancienne, il marchait rapidement en passant au travers de la porte de ma chambre et ressortait dans le corridor de la même manière. Il ne semblait pas me voir, mais moi, je le voyais. Effrayée, je ne savais pas comment le faire partir. Je savais qu'il n'était pas méchant, mais il m'empêchait de dormir. Malgré toutes mes demandes au ciel, je n'ai pas réussi à le faire partir. Le lendemain, lorsque j'ai raconté le tout à mon amie Marie, elle m'a affirmé ne pas avoir dormi non plus, car elle sentait qu'il se passait quelque chose d'étrange de mon côté. À la suite de cette aventure, en sortant à l'extérieur du bâtiment, j'ai vu des bulles transparentes et lumineuses, de couleurs variées, flotter devant nous. C'était très beau. Possiblement que de beaux êtres de lumière étaient présents à cet endroit.

Le reiki

Répondant au besoin de poursuivre ma course aux formations, je suis allée faire une formation en reiki. Un instructeur dans le domaine, Christian, enseignait la base des principes du reiki à de petits groupes de quatre à six personnes. J'étais très intriguée par cette technique. La formation comprenait les premier et deuxième niveaux et se déroulait pendant une fin de semaine. Celle-ci était composée d'initiations permettant de recevoir de nouvelles énergies.

Le but de cette technique était de faire passer l'énergie ou la lumière de ma couronne à mes mains et ensuite à la personne recevant les soins. En imposant mes mains sur quelqu'un, j'apprenais à me fier à mon intuition pour découvrir à quel endroit je devais les positionner afin de relancer les courants énergétiques dans tout son corps. Cette expérience me permettait de réaliser des soins d'une manière plus intuitive et éclairée, car nous demandions à un guide de travailler auprès de nous.

J'ai donc ajouté mes notions de reiki à la polarité afin de jumeler ces deux techniques.

Un jour, une première situation magique s'est produite en donnant des soins de reiki. J'imposais mes mains sur les épaules de la personne et une colombe blanche rayonnante et lumineuse est entrée dans le corps énergétique de ma cliente en volant. Elle a plongé à la base de son ventre et elle est ressortie par son torse en continuant son vol. C'était prodigieux. Elle semblait avoir plongé dans son corps énergétique pour en ressortir et laisser un peu de son énergie de lumière à la personne. Je ne pouvais que m'émerveiller devant un tel spectacle. Des visions comme celle-ci commençaient à se manifester de plus en plus. Plus je pratiquais le reiki, plus ma vision de l'autre monde s'ouvrait.

La médecine énergétique

Ma passion pour les soins énergétiques continuait toujours de grandir. Une journée, j'ai mis la main sur une publicité portant sur un cours en médecine énergétique d'une durée de cinq fins de semaine. Ce cours me donnait la possibilité d'équilibrer les chakras avec les cristaux, d'aborder l'hypnothérapie, d'améliorer mes connaissances du monde spirituel et des soins énergétiques. En parlant avec l'enseignant, il m'affirma qu'en suivant sa formation, j'apprendrais à « voir » les chakras avec mes yeux physiques. Je n'y croyais pas du tout. Pour moi, il était impossible de voir les chakras après quelques semaines de formation. Par défi, je me suis inscrite à son cours.

Mon instructeur était un homme qui avait médité dans une grotte pendant dix ans. Dix années « à se regarder les mains », comme il se plaisait à dire. Henri parlait de son corps en l'appelant « temple » et il possédait des capacités psychiques étonnantes.

Je me souviens d'un atelier où chaque fois que je me posais une question intérieurement, Henri se tournait vers moi et y répondait. À la pause, je suis allée le voir et lui ai demandé s'il lisait dans mes pensées. Il m'a dit que oui et s'en est excusé. C'était pratique, aucune question ne restait sans réponse. J'ai appris énormément à travers ses enseignements et, comme prévu, à la lumière de ses exercices, j'ai vu de petits cyclones translucides tournoyer au-dessus de chaque chakra. Eh oui, je voyais les chakras comme promis. Ainsi, en utilisant un cristal de quartz clair, je le faisais tourner au-dessus de la zone du chakra et je voyais les chakras grandir et prendre plus d'espace.

Mes nouveaux apprentissages comblaient de plus en plus mon cœur de bonheur. Je recevais davantage de clients *en privé* et, comme paiement, je demandais uniquement des fleurs, car je n'étais pas encore à l'aise avec le fait d'accepter de l'argent. En contrepartie, mon appartement exhalait des parfums variés et odorants. C'était formidable.

Malgré une pratique énergétique fleurissante, je me sentais de plus en plus solitaire. Ayant quitté ma ville natale pour m'installer à Montréal, j'avais peu d'amis. Rares étaient les gens qui partageaient mes aspirations spirituelles et mon intérêt pour les soins énergétiques. Je me sentais, encore une fois, différente des autres. J'étais célibataire, au début de la trentaine, et ma seule passion était de recevoir des clients en *pratique privée*. Donc, à cette période de mon existence, je partageais ma vie entre mon travail d'infirmière le jour et les soins énergétiques le soir. Je me sentais, une fois de plus, très marginale. Les quelques amis que j'avais s'accordaient pour dire qu'il me serait difficile de trouver un homme ayant les mêmes aspirations spirituelles que moi.

N'ayant personne avec qui partager mon vécu, j'allais souvent me promener seule dans un parc près de chez moi. Un petit lac artificiel s'y trouvait en plein milieu. Je m'y rendais et je discutais avec le lac, je lui confiais mes désirs et mes rêves. Je ressentais toujours un grand réconfort auprès de celui-ci. Je partageais avec lui mon vœu de trouver l'amour et mon impatience de trouver un partenaire de vie.

Pourtant, avec le recul, je dois constater que cette période de solitude m'a permis d'augmenter mon introspection. Elle a été un point déterminant afin de recontacter mes capacités psychiques. J'étais isolée, seule, et ma vie était axée sur les clients que je recevais pour des soins. Une forme de télépathie s'est alors manifestée lors de soins.

Ainsi, durant une séance d'hypnothérapie, une cliente me racontait une étape difficile qu'elle avait vécue. Pendant qu'elle parlait, je voyais défiler dans ma tête les images de la scène, même celles qu'elle n'osait pas me dire. Incroyable. C'était comme être avec elle dans la situation. Je voyais toutes les images et suivais tout ce qui se passait dans sa boîte crânienne. J'avais accès à de plus en plus d'informations afin de guider mes clients. J'ai partagé avec elle les visions que j'avais, mais comme elle ne s'attendait pas à ça, je ne l'ai jamais revue.

La médiumnité

L'un de mes autres apprentissages s'est produit à Saint-Hilaire auprès d'une médium. Nicole offrait des ateliers de développement personnel. Cette dame, pas plus haute que 1,5 mètre (4,8 pieds), portait en elle une sagesse considérable et une connexion impressionnante à l'autre monde. Sérieuse et très autoritaire, elle menait les enseignements avec une main de fer dans un gant de velours. Nicole avait la capacité de voir dans l'invisible les esprits, les guides et les êtres de lumière. J'étais très impressionnée par de telles capacités, mais je ne croyais pas, à cette époque, être capable de voir quelque chose de similaire par moi-même.

Toutefois, un exercice de groupe me confirma certaines capacités. L'activité consistait à fixer le visage d'une personne debout devant une grande couverture de velours noir. La personne était adossée au mur et je devais regarder son visage, mais sans chercher un point d'intérêt précis. J'ai automatiquement regardé en direction de son troisième œil. Mon regard est devenu flou et lorsque je l'ai maintenu fixement sur elle, son corps a complètement disparu. Une boule de lumière blanche l'a remplacé. Je ne voyais plus la personne, mais seulement cette lumière éclatante à la hauteur de sa gorge. C'était une image impressionnante et très belle. Je suis allée voir Nicole pour avoir des explications sur ma vision. Elle m'a alors expliqué que j'avais la capacité de voir dans l'autre dimension, c'est-à-dire au-delà du corps physique. Ce fut pour moi une révélation, une explication à toutes ces apparitions et présences observées depuis mon enfance ; je voyais dans l'autre monde. Malgré cette découverte, il m'a fallu des années avant que je puisse comprendre comment fonctionnaient mes capacités et de quelle manière les utiliser. Ma clairvoyance, présente depuis mon enfance, allait tranquillement s'allier avec une nouvelle capacité : la clairaudience.

Chapitre 3

Une voix se manifeste

«Pour entendre, il faut être silencieux.»

– Ursula K. Le Guin

Un soir, alors que j'habitais seule dans mon petit appartement de Montréal, il était minuit et je n'avais pas encore sommeil. J'ai entendu clairement et fortement un «ding, dang, dong» venant des cloches d'une église. Cette sonorité était très claire et a duré près d'une minute. J'ai regardé autour de moi, j'étais seule et il faisait nuit. Ce son résonnait très intensément comme si une église se trouvait à côté de chez moi. Pourtant, il n'y en avait aucune aux alentours. De plus, je me disais qu'il était impossible qu'une église fasse sonner des cloches en plein milieu de la nuit. Je ne trouvais aucune explication rationnelle à ce que je venais de vivre. Je me suis dit que ce bruit devait venir de l'invisible et je me suis recouchée. Ce fut la première manifestation de ma clairaudience.

Une voix

Par la suite, une voix a commencé à me parler plus fréquemment. Elle s'adressait à moi, du côté de mon oreille droite, mais à l'extérieur de moi. C'était une voix masculine et directive. Elle me conseillait sur les aliments que je devais manger et sur les activités bonnes ou mauvaises pour moi. Bien souvent, lorsque j'allais en visite chez une amie, la voix me disait d'apporter une certaine cassette audio et lorsque je ne l'écoutais pas, arrivée chez l'amie, elle se mettait à me parler de cette bande audio. Lorsque je n'apportais pas l'objet demandé, que j'écoutais mon mental qui me disait de ne pas le faire, je constatais que je privais la personne visitée de ce dont elle aurait eu besoin. Après plusieurs résistances de ma part, je me suis mise à emporter livres, cassettes audio, jeux de cartes divinatoires, et ce, toujours à la demande de cette voix. J'emportais maintenant tout ce qui m'était demandé, sans m'interroger sur la pertinence de la chose. C'était devenu normal. La voix demandait et j'écoutais.

Les messages de cette voix pouvaient se présenter n'importe quand. Ils venaient à moi tel un flot d'informations que je captais. J'étais un récepteur, pareil à un poste de radio, syntonisant des paroles de l'autre monde.

À cette époque, j'aimais beaucoup fréquenter les salons d'ésotérisme et de médecines douces. J'adorais me retrouver dans cette énergie. Je m'y sentais comme un poisson dans l'eau. Je me promenais de kiosque en kiosque et j'éprouvais une immense joie intérieure. Dans ce lieu, je me retrouvais enfin chez moi.

Je me souviens particulièrement d'une visite à l'un de ces salons. L'énergie y était agréable, je baignais dans un flot de joie et de découvertes. Je me suis arrêtée devant un kiosque où un jeune moine tibétain vendait de l'encens fait à la main.

La voix a commencé à me transmettre des détails sur la fabrication de son encens, sur ses propriétés, et une quantité d'informations pertinentes sur le produit. Ces renseignements « descendaient » rapidement et il m'était impossible de connaître ces indications auparavant, car je ne savais absolument rien quant à la fabrication de l'encens. Je répétais au fur et à mesure ce que l'on me transmettait. Le moine était estomaqué, il voulait noter tous les renseignements qui sortaient de ma bouche. Les messages étaient trop rapides, et après les avoir communiqués, je ne me souvenais plus de ce qui avait été dit. J'ai dû laisser le moine abasourdi à son kiosque et je suis repartie en riant avec l'une de mes amies, car des situations similaires étaient de plus en plus fréquentes.

Avec cette nouvelle transmission d'informations, je me suis mise à offrir des messages à mes amis, à mes connaissances et à mes clients. Lors de soins énergétiques, je révélais les renseignements qui m'étaient confiés, soit en paroles soit en images. Parfois, ils venaient de personnes décédées. Toutefois, j'avais encore une certaine crainte lors de l'apparition de défunts, je préférais travailler énergétiquement plutôt qu'en médiumnité.

Mon guide

Parallèlement, grâce à la pratique du reiki, j'apprenais à faire appel à mon guide lors de tous les soins. À chaque traitement, je lui demandais de passer à travers moi et de réaliser les soins par mon intermédiaire, de m'utiliser. Je ne savais pas qui il était réellement. Par contre, ce que je connaissais de lui, c'était que lorsqu'il se glissait en moi, une paix s'installait et je le laissais diriger les soins.

Il me saluait chaque fois que nous nous retrouvions. Il s'exprimait en paroles dans mon oreille gauche. Souvent, il me disait : « Content de te revoir. » Il n'était pas très loquace et à la suite de quelques phrases de retrouvailles, nous nous mettions au travail afin d'aider la personne venue en consultation. Il restait silencieux tout le reste du temps. Il me guidait aussi par des impressions et des ressentis. Je joignais l'utilisation de cristaux et les symboles du reiki afin d'harmoniser l'énergie du client.

Je retrouvais mon guide à chaque traitement. Il se tenait dans le coin de la pièce et il attendait que je l'invite à venir me rejoindre. Il ressemblait à un grand sage portant de longs cheveux blancs et une grande barbe blanche. Son allure physique était majestueuse, il était très grand, environ deux mètres (sept pieds), et mince. Il portait des vêtements blanc bleuté et très lumineux. À chaque rendez-vous, celui que j'appelais mon « guide de guérison » me rejoignait et les soins débutaient. Il possédait une énergie très intègre et ses paroles étaient très directives. Il n'y avait pas d'hésitation dans ses demandes. Tout était clair et précis. J'apprenais à travailler avec cette nouvelle énergie.

Avec mes capacités psychiques grandissantes, j'étais, malgré tout, irrésistiblement attirée par les clairvoyants et médiums de toutes sortes. J'aspirais à connaître ce que l'avenir me réservait et leurs aptitudes me fascinaient. Je fréquentais, à l'époque, des restaurants offrant repas et consultations en cartomancie. J'y allais avec mes amies et nous nous racontions chacune les propos confiés par la voyante durant le repas. J'écoutais ce que ces voyantes me disaient avec beaucoup de curiosité. Toutefois, je savais toujours si elles voyaient vraiment l'avenir ou si elles lisaient dans les pensées. Je savais ces choses sans pouvoir les expliquer. Je différenciais facilement la véritable clairvoyance de la télépathie.

Un jour, lors d'une consultation, une voyante m'informa que j'avais la même capacité qu'elle de voir l'avenir. Pourtant, les messages que je recevais ne m'étaient généralement pas adressés personnellement et arrivaient d'une manière hors de mon contrôle. Je n'arrivais pas à canaliser l'information à volonté, celle-ci se présentait à l'improviste et par bribes. Malgré cette révélation sur mes prédispositions de voyance, je ne savais toujours pas comment utiliser cette faculté « présente en moi ». Encore une fois, on me disait que j'avais des capacités psychiques et je me sentais incapable de les utiliser. Il m'a fallu attendre bien des années pour que je puisse vraiment utiliser mon potentiel, c'est-à-dire dialoguer directement avec les anges et les êtres de lumière.

Chapitre 4

Des impressions nouvelles

« La joie dans l'âme, plus belle que toutes les joies. »

– Yves Thériault

La voix m'accompagnait maintenant tous les jours et elle se manifestait indépendamment de ma volonté, le plus souvent par surprise. En plus de devenir de plus en plus un canal de communication pour l'autre dimension, je sentais une nouvelle énergie se glisser en moi. Des moments de grâce uniques commençaient à se manifester en moi et autour de moi. Je devenais plus réceptive à l'au-delà et il semblait lui-même se rapprocher de moi.

Ainsi, lors d'une journée de travail débutée apparemment comme d'habitude, j'ai vécu un état magique vraiment particulier, presque indescriptible. En voici les détails. Un après-midi, alors que j'étais infirmière scolaire, je marchais dans un corridor en me dirigeant vers mon bureau. Tout à coup, j'ai senti toute conception de séparation et de dualité disparaître en moi et autour de moi. Aucune frontière n'existait entre moi et mon environnement. J'étais dans un état de bonheur intense. J'avais le sentiment que le mur était moi et que j'étais le mur. J'étais le tout et le tout faisait partie de moi. Je me sentais en parfaite sécurité et unie à tout. Il n'y avait plus de limites, plus de dualités.

Ce moment magique n'a duré que quelques minutes, mais il m'a semblé que le temps s'était arrêté durant ces quelques instants. Par la suite, tout est revenu à la normale et je me suis sentie revenir dans notre dimension limitée. Ne sachant pas vraiment ce qui venait de se passer, j'ai appelé ce phénomène un « instant de grâce temporaire ». Je ne savais pas comment l'appeler autrement, mais ce fut la plus merveilleuse sensation de ma vie. À ce moment, il n'existait plus de limites, plus de dualités, que du pur bonheur. J'étais comme happée par cette énergie bienfaisante et je ne pouvais qu'en être reconnaissante.

Par la suite, une succession d'évènements particuliers ont commencé à se produire.

Le rayonnement

Ainsi, un autre jour, l'ensemble du personnel de l'école ainsi que les enfants avaient été invités à assister à un spectacle musical dans le gymnase. J'étais adossée à un mur à l'arrière de la salle et je regardais le spectacle. La musique était agréable et entraînante. J'ai alors vu un rayon de lumière vert et immense sortir de mon cœur et se diffuser dans l'ensemble de la pièce balayant chaque personne de sa lumière. Encore une fois, c'était hors de ma volonté. C'était comme si l'Univers se servait de moi pour transmettre cette belle lumière d'amour à tous ces êtres. Je n'avais ni désir ni contrôle de cette situation, j'étais l'instrument utilisé pour un but supérieur. Ce fut un autre moment fantastique. Je servais de canal à une puissance plus grande que moi. J'étais la seule à voir ce qui se passait et je n'en ai jamais parlé à qui que ce soit. Moi-même, je n'arrivais pas encore à saisir tout ce qui m'arrivait.

Ces phénomènes hors du commun commençaient à se « transposer » lors de soins. Ainsi, une cliente venait me voir pour des soins énergétiques. J'alliais maintenant reiki et médecines énergétiques, la voix se manifestait et guidait mes gestes. Mais, cette fois, j'étais installée à la tête afin de prendre contact avec ma cliente. Un bel ange est venu m'assister lors des soins. Je l'ai senti se glisser à travers mon corps. J'ai vu ses petits bras de lumière se fondre dans les miens afin de m'accompagner. Il était constitué d'une énergie pure, blanche et vaporeuse, un peu comme un nuage. Une sensation agréable de calme et de fraîcheur s'est alors installée en moi. Je l'ai laissée diriger les soins et imprégner ma cliente de son énergie apaisante. Ce fut merveilleux de ressentir cet être de bonté traverser mon corps. Ce fut une première expérience angélique lors de soins énergétiques.

À partir de ce moment, des expériences « spirituelles » se sont mises à se succéder dans ma vie. J'étais de plus en plus comblée par l'invisible, mais du côté amoureux, ma vie n'était pas très satisfaisante. Les quelques relations que j'avais eues n'avaient pas duré. J'avais de la difficulté à rencontrer quelqu'un avec qui j'avais des correspondances.

À travers ce cheminement particulier, il était difficile pour moi de rencontrer un homme vibrant aux mêmes aspirations que moi. Toutes mes relations se soldaient par des échecs. Je constatais qu'étant très différente de l'ensemble des gens, je n'arrivais pas à trouver un homme avec qui partager mes désirs dans la vie. J'en avais fait mon deuil. Je m'étais acheté un petit chalet dans le nord de Montréal et j'organisais ma vie afin de vivre seule. Je me suis dit que je n'aurais pas d'enfant et que ce serait ainsi.

Le divin en avait décidé autrement.

Chapitre 5

Ma rencontre avec l'amour

« L'amour, c'est la rencontre entre le cœur et l'esprit. »

– Ilym

Un jour, alors que je séchais mes cheveux devant le miroir de la salle de bain, une voix m'a dit : « Ta vie de célibataire tire à sa fin. Profites-en bien ! » C'était étrange comme discours, car ce n'était pas ma préférence d'être seule, je rêvais intérieurement d'avoir un compagnon de vie avec qui tout partager.

Deux mois plus tard

Malgré le message reçu en clairaudience, j'ai continué ma vie comme d'habitude sans trop m'y arrêter. À cette époque, je faisais du bénévolat pour la Croix-Rouge en tant que secouriste. J'assistais à différents évènements, dont le festival *Juste pour rire* de Montréal. Je trouvais agréable de rencontrer des gens et d'aider ceux qui nécessitaient des premiers soins. Avec une amie infirmière, nous aimions participer à ce type de rencontre mondaine. Nous étions placées en équipe de deux et notre rôle était de nous promener à travers la foule afin d'offrir soins et conseils aux gens nécessitant nos services.

Un soir, je me suis retrouvée séparée de ma collègue, car elle avait été affectée à une équipe d'intervention d'urgence mobile. On m'avait placée en équipe avec deux autres garçons avec qui je n'avais pas beaucoup d'affinités. La soirée ne se présentait pas comme je l'aurais voulu. J'étais sans mon amie et jumelée à des garçons très différents de moi. Nous n'avions pas le même humour et peu de sujets d'intérêt commun. La soirée commençait à s'étirer en longueur.

Deux heures avant la fermeture, Jimmy, un secouriste, s'est présenté pour offrir son temps comme bénévole. Comme nous étions trois personnes dans notre équipe, le responsable nous a placés ensemble, Jimmy et moi. Quand j'ai vu ce garçon aux cheveux frisés s'approcher de moi, je n'avais aucune idée de ce qui allait suivre. Nous avons donc marché ensemble sur le site du festival, dans le Vieux-Port de Montréal. Des liens magiques se sont tissés très vite.

Nous avons tellement ri ensemble. Enfin, je me retrouvais avec quelqu'un ayant le même humour que moi. Nous nous sommes raconté nos vies avec une grande aisance. Lorsqu'est arrivée la fin de la soirée, je n'avais pas le goût de partir. J'étais si bien avec lui, en sa présence. Nous nous sommes revus le lendemain, au *party* des bénévoles de la Croix-Rouge et la même magie s'est mise à opérer. Nous avons jasé et dansé ensemble toute la soirée.

Le jour suivant, je partais en voyage en Europe pour trois semaines avec ma sœur et, à mon retour, nous nous sommes revus. Rien n'avait changé, la même magie opérait et nous ne nous sommes plus quittés depuis.

Les tests

Dès le début de notre relation, nous avons voulu vérifier rapidement si nous avions les affinités pour être ensemble. Nous nous testions et examinions chacun de nos gestes et chacune de nos réactions à la loupe. Nous observions comment chacun se comportait avec les enfants, les amis et nous évaluions les valeurs de l'autre. Ce fut étrange, mais nous cherchions à savoir si une correspondance réelle existait entre nous. Un mois plus tard, nous savions que nous pourrions partager une vie à deux. C'était une certitude pour chacun de nous.

Au début de notre relation, Jimmy et moi étions tous les deux prêts à avoir des enfants rapidement. Nous avions l'impression qu'il fallait les avoir hâtivement, car nous aurions autre chose à faire plus tard, sans savoir vraiment ce que ce serait. Nous avions tous deux le désir profond d'ouvrir un centre afin d'aider les gens, mais sans plus. C'est comme si nous portions cette conviction en nous depuis toujours.

Ainsi, deux semaines après avoir cessé l'utilisation de préservatifs, un homme est venu me parler en rêve. Il s'est avancé calmement et m'a simplement dit doucement: «Tu es enceinte.» À mon réveil, j'en ai avisé Jimmy. Il ne me croyait pas du tout. Il n'était pas concevable pour lui que j'aie accès à cette information aussi rapidement. Il a fallu attendre deux semaines pour faire un test de grossesse afin d'obtenir la confirmation positive que j'étais bel et bien enceinte. Les êtres de lumière étaient venus m'informer de cette bonne nouvelle avant l'obtention du résultat officiel.

L'arrêt des apprentissages

C'est à ce moment que se terminèrent mes apprentissages en soins énergétiques. Tout s'est interrompu du jour au lendemain. Une journée, j'ai senti que mes formations étaient complétées, que j'avais fait le plein de connaissances. Étant formée en polarité, sophrologie, médecine énergétique, reiki, hypnothérapie, médiumnité, phytothérapie, etc., les questionnements diminuaient en moi et laissaient place à de plus en plus de réponses. Mais, je ne savais toujours pas où tout cela me mènerait et comment j'allais utiliser tout ce bagage acquis au cours de ces dix années.

Après la naissance de mes enfants, j'ai relayé ma *pratique privée* au strict minimum afin de prendre soin de mes deux jeunes enfants souvent malades. Je recevais encore quelques clients à la maison pour leur offrir des soins énergétiques, mais de façon sporadique. Je vivais une vie partagée entre les soins à prodiguer à mes jeunes enfants et mon travail d'infirmière. Je me retrouvais dans une vie plus standard, mais tellement dépourvue de sens pour moi. J'aspirais à plus, tout en affrontant un travail quotidien routinier.

Chapitre 6

Le retour à la source

« Même quand l'oiseau marche, on sent qu'il a des ailes. »

– Antoine-Marin Lemierre

À la suite de quinze ans de vie familiale active et après avoir mis au rancart ma pratique énergétique, une force en moi me poussait à reprendre de nouvelles formations, à faire un retour à mes aspirations spirituelles.

Afin de me replonger dans ces vibrations, j'ai commencé par assister aux méditations canalisées d'une dame médium habitant près de chez moi. Elle canalisait différentes énergies de grands maîtres et donnait des enseignements inspirés à chaque rencontre. Pour le bien de la cause, le ton de sa voix se transformait et l'on percevait le changement de vibrations dans sa tonalité vocale.

À la suite de chaque méditation, elle décrivait les énergies des maîtres qu'elle avait canalisés. Ce qui attira mon attention est lorsqu'elle décrivit les énergies de Melchisédech, son ton directif, son énergie déterminée et sa droiture. Quelle ne fut pas ma surprise de reconnaître l'énergie de mon guide de guérison m'accompagnant depuis plus de vingt ans ! En rentrant chez moi, je suis allée voir des images de Melchisédech sur Internet et j'ai reconnu mon « guide de guérison ». C'était lui qui m'accompagnait depuis si longtemps. Melchisédech étant un maître des soins énergétiques, un alchimiste et un spécialiste des cristaux, je comprenais maintenant sa présence lors de soins.

Après cette découverte sur mon guide, j'appris que cette dame médium donnait aussi des ateliers de médiumnité. Il n'en fallait pas plus et je me suis inscrite à ses cours. Au début, toutes mes aptitudes se sont manifestées rapidement. La voix qui me parlait a repris de la vigueur. J'ai recommencé à ressentir clairement les personnes décédées et elles ont recommencé à communiquer avec moi. Tout est revenu rapidement, comme si j'avais délaissé cette dimension la veille.

Le retour à la médiumnité

Je me suis inscrite à une formation en médiumnité dans le but de recontacter mes capacités, mises au rancart depuis longtemps. C'est à ce moment que mon cousin Éric, décédé l'année précédente, est entré en contact avec moi. Alors que notre enseignante, Alice, nous donnait des explications sur les défunts et leurs manifestations, la présence d'Éric était si intense et il parlait si fort que je n'arrivais plus à entendre les propos d'Alice.

À ce moment, j'avais beaucoup de difficulté à suivre le reste du cours, la présence d'Éric était envahissante. Alice n'a pas pu m'aider dans la communication avec Éric, car les autres étudiants du groupe requéraient, eux aussi, ses conseils. Puis, la voix d'Éric s'est tue, me donnant un temps de répit, et je suis retournée chez moi.

Mais, au moment de me mettre au lit, il s'est à nouveau présenté à moi, dans le coin de ma chambre. J'ai alors échangé avec Éric par télépathie et je lui ai expliqué la réalité de son nouvel état. Je sentais qu'il était désemparé. Éric constatait qu'en se donnant la mort, il n'avait rien réglé à ses problèmes. Il devait se résoudre à accepter que rien n'avait changé en quittant notre plan de conscience et qu'en plus, il n'avait plus la possibilité d'agir sur la vie de sa famille.

Éric me parlait de la garde de ses enfants. Je lui expliquai qu'à ce moment, il ne pouvait plus rien faire pour ses enfants et que ses proches s'en occuperaient. Je lui ai expliqué qu'il était mort et qu'il n'avait plus de pouvoir sur la matière. Il devait aller se reposer dans l'autre monde et réfléchir à comment réparer son geste. Comme Éric avait perdu ses guides en s'enlevant la vie, j'ai demandé à l'archange Michaël de l'accompagner dans la lumière. Michaël a accepté et je l'ai vu quitter cette dimension escorté par l'archange.

Une semaine plus tard, sans avoir eu écho de notre échange, l'une de mes tantes a rêvé d'Éric. Elle l'a vu apparaître, dans la porte-fenêtre de sa maison, lumineux et en paix. J'ai eu ainsi la confirmation qu'il était passé de l'autre côté du voile.

Le retour à l'énergie

En reprenant contact avec ma médiumnité, je ressentais aussi le besoin de retourner à l'énergie. Je suis donc allée suivre une nouvelle formation en soins énergétiques. Ce cours avait comme but d'aider les individus à libérer les mémoires cristallisées dans leurs cellules. Je me suis rapidement inscrite à cette formation sans même avoir reçu de soins. J'avais le sentiment, au fond de mon être, que c'était pour moi.

Les soins se donnaient sur une table de massage et nous nous installions à la tête de la personne. Nous placions nos doigts sur certaines zones réflexes sur le plan coronal. Chacun des doigts était associé à un organe du corps. Pour ma part, je n'utilisais pas mes doigts pour identifier les organes et libérer les émotions s'y rattachant. C'est plutôt une voix qui se mettait à me parler en continu, qui guidait les soins et qui transmettait des messages à la personne en traitement. Je répétais tout ce que la voix disait, mot par mot. Ma pratique était très différente dans le groupe alors que les autres étaient généralement silencieux. Moi, je transmettais tout ce qui m'était dit. Je partais en voyance dans l'avenir, dans les vies antérieures, des elfes m'apparaissaient, des fées, de grands maîtres, des guides et des personnes décédées. Une multitude d'êtres se présentaient à moi avec le même désir de transmettre un message à la personne couchée sur la table.

À cette même époque, je m'adonnais à la lecture d'un livre sur la thérapie angélique. Après, des anges m'apparaissaient à tous les soins. C'était incroyable. J'étais en effervescence, je vivais quelque chose de fantastique et d'extraordinaire. Voyant ces capacités nouvelles, plusieurs étudiants du cours voulaient que je leur dise à quoi ressemblait leur ange, car ils m'apparaissaient tous clairement. Cet état magique a duré pendant près de deux mois, ce fut le début du contact direct avec les anges.

À partir de ce moment, des présences se manifestaient à tous les soins, indépendamment de ma volonté. Ainsi, lors d'une « pratique » entre étudiants, un jeune homme avec une chevelure blonde s'est manifesté. Après lui avoir décrit l'individu présent, ma collègue, Lucie, a reconnu son fils décédé, Jacques. C'était un beau jeune homme rayonnant âgé de vingt à trente ans. Il venait l'informer qu'il allait bien dans l'autre monde. Jacques était accompagné d'un autre jeune homme aux cheveux bruns. Elle le reconnut aussitôt. Ce fut un soulagement pour elle de savoir que Jacques n'était pas seul dans l'autre dimension et qu'il était heureux. Les deux hommes étaient souriants et ravis de pouvoir communiquer avec elle. Jacques lui exprima le désir de l'accompagner lors de soins énergétiques qu'elle offrirait. Elle fut très touchée et émue de cette requête. Ils ont alors commencé la pratique des soins énergétiques ensemble, Jacques, installé au pied de la cliente et elle, positionnée à la tête. Une équipe divine venait de se former.

Chapitre 7

L'atelier de communication angélique

« Si tu n'es pas né avec des ailes,
ne fais rien pour les empêcher de pousser. »

– Anonyme

La communication directe était maintenant établie avec les anges. Je pouvais les interroger sur quelque sujet que ce soit et leurs réponses arrivaient instantanément et de façon très claire. Maintenant, j'étais prête à guider les autres afin qu'ils fassent de même.

À la suite de ma certification angélique, je donnais quelques ateliers de communication angélique par année. J'étais de plus en plus à l'aise dans mon nouveau rôle. À chaque formation, ma confiance en moi grandissait et mon lien avec les anges se solidifiait.

L'atelier avait comme objectif d'aider les étudiants à voir, à entendre, à sentir et à comprendre les messages des anges. Je leur apprenais à utiliser leurs capacités intuitives afin d'établir une communication directe avec les anges. Ils apprenaient à œuvrer avec le monde angélique, les archanges et les maîtres ascensionnés. Le tout se faisait par des notions théoriques, des méditations et des exercices pratiques. Chaque jour, on abordait des thèmes différents.

La première journée traitait plus précisément du rôle des anges, des guides, des grands maîtres et de leurs manifestations. Les étudiants s'initiaient à reconnaître les signes que les anges mettaient sur leur route et à identifier les principaux archanges. Ils étaient maintenant prêts à réaliser une première lecture de cartes angéliques avec un autre participant du groupe.

Le second jour de formation mettait en lumière comment couper les liens éthériques indésirables (cordons) attachés à nous. Les participants avaient la possibilité d'obtenir une formation de base en médiumnité pouvant les aider à communiquer avec les proches disparus. Ils découvraient comment guider les défunts vers la lumière et la manière de se libérer de leur passé (de leurs anciennes croyances). Somme toute, tous ces apprentissages leur permettaient d'accueillir plus facilement les anges dans leur vie.

À chaque atelier, les anges amplifiaient le contact des participants avec leurs capacités psychiques. Les individus avaient accès à de nouvelles informations, parfois étonnantes, mais toujours guidées par les anges.

Toutefois, il est à noter que les anges ne sont porteurs que de bonnes nouvelles. Ils sont là pour nous guider au cours de notre incarnation terrestre, pour nous éclairer. Par leurs messages, les anges ne décident pas pour nous, mais ils nous offrent des possibilités, des chemins envisageables. Par la suite, nous avons le choix d'y adhérer ou non. Chacun a droit à son libre arbitre. Mais, en suivant leurs conseils divins, de merveilleuses surprises s'offrent à nous.

Les retrouvailles

À la lumière de cette formation, plusieurs individus se sont découvert de fabuleuses capacités psychiques, inconnues auparavant. Grâce à ces facultés, certaines personnes ont même retrouvé des sœurs, des amis ou des parents de vies passées. Voici un exemple étonnant de retrouvailles orchestrées par les anges.

Lors d'un atelier, Robert était assis devant une jeune femme d'une trentaine d'années, France. À l'intérieur des échanges et des exercices pratiques, nous sentions une énergie puissante entre eux. Ils étaient toujours assis l'un face à l'autre et s'observaient avec attention. Lors d'une discussion animée, France lança brusquement à Robert qu'il était son père et qu'elle l'avait perdu tôt dans une autre vie, et ce, avant d'avoir pu régler certaines choses avec lui. Robert a répondu par l'affirmative et dit à France qu'il ressentait lui aussi qu'à cette époque, certains sujets étaient restés en suspens.

Peu de temps après, ils se sont retirés du groupe. Ils ont pris une table à part dans la salle, ils ont discuté, pleuré et finalisé ce qui n'avait pu l'être dans une vie antérieure. Beaucoup d'émotions se sont libérées. La mort prématurée de Robert dans l'autre vie avait laissé des non-dits dans leur relation. Ils sont revenus avec le groupe après quinze ou vingt minutes d'échanges, soulagés, émus, mais en même temps étonnés de ce qu'ils venaient de vivre. Les anges avaient coordonné cette belle rencontre afin que ces deux êtres se libèrent de leur passé et scellent cette ancienne relation.

Par de telles expériences, l'atelier de communication angélique allait me mener beaucoup plus loin que je ne pouvais l'imaginer. L'accompagnement des anges m'apportait un nouvel éclairage sur la relation particulière entre l'homme et le monde angélique.

DEUXIÈME PARTIE

Le monde angélique

Chapitre 8

Les anges

« Les anges sont des esprits, mais ce n'est pas parce qu'ils sont des esprits qu'ils sont des anges. Ils deviennent des anges quand ils sont envoyés en mission. En effet, le nom d'ange fait référence à leur fonction et non à leur nature. Si vous voulez savoir le nom de leur nature, ce sont des esprits ; si vous voulez savoir le nom de leur fonction, ce sont des anges, ce qui signifie messager. »

~SAINT AUGUSTIN, PSAUME, 103, 1, 15

Mais qui sont les anges ?

Les anges sont des êtres célestes. Ils jouent le rôle de messagers divins. Ils se présentent comme des intermédiaires entre Dieu et les hommes. Leur mission consiste à nous transmettre des messages venant de Dieu afin de nous guider dans notre incarnation terrestre. Ils possèdent un taux vibratoire plus élevé que celui des humains. Leur énergie est puissante et douce à la fois.

La majorité de ces êtres ailés n'ont jamais vécu sur terre et ont toujours séjourné dans le royaume céleste. Ils sont dotés d'un amour pur et d'une grande compassion. Ils ne possèdent pas d'ego. Leur seul désir est de nous voir heureux. Ils nous aiment inconditionnellement et ne souhaitent que notre bonheur. Toutefois, ils ne peuvent interférer avec notre libre arbitre. Ils doivent respecter le choix de chacun et attendre patiemment que nous leur demandions leur aide pour pouvoir intervenir dans nos vies.

À quoi ressemblent-ils ?

J'ai constaté que les anges choisissent de prendre une apparence facile à identifier afin que nous puissions les reconnaître aisément. Ils se présentent quelquefois à moi avec une magnifique lumière jaillissant de tout leur être, ce qui leur donne une apparence étincelante. À d'autres moments, je les vois avec de magnifiques ailes majestueuses ornées de plumes. La grosseur des ailes peut varier d'un ange à l'autre, mais elles n'en sont pas moins admirables. Certains de mes étudiants disent avoir senti un ange les envelopper avec de grandes ailes mœlleuses. Ils ont ressenti les plumes des anges les entourer et les recouvrir d'une couverture duvetée. D'autres ont entendu le battement des ailes d'un ange, derrière eux.

Certaines personnes affirment que les anges ne possèdent pas d'ailes, que ce serait leur immense aura blanche qui donnerait l'effet d'ailes dans le dos. Quoi qu'il en soit, ce sont des formes-énergies et ils peuvent prendre l'apparence qu'ils désirent.

De plus, les anges n'ont pas de sexe. Ils se présentent sous différentes apparences, selon le besoin de la personne. Ils peuvent se donner une allure féminine ou masculine. À l'occasion, ils affichent un aspect féminin avec de grandes robes vaporeuses et d'autres fois, ils offrent des traits masculins leur donnant une allure plus costaude. Peu importe la représentation qu'ils utilisent, ils n'en demeurent pas moins que ce sont des êtres remplis d'amour et de bonté.

Qui sont les anges gardiens ?

Dès notre naissance, des anges nous sont attribués plus spécifiquement. Ils nous accompagneront toute notre vie. Ce sont des êtres divins ayant comme mission de veiller à notre sécurité et à notre protection. Les anges gardiens prennent soin de nous avec bienveillance et compassion. Leur guidance est sans faille et teintée d'amour pur. Le plus important pour eux est de nous savoir heureux. Et, lorsque nous le leur demandons, ils font tout en leur pouvoir pour nous guider vers une vie remplie et satisfaisante.

Chaque jour, nos anges gardiens nous insufflent des mots d'encouragement, des intuitions et des impressions divines. Nous pouvons parfois ressentir leur présence, comme s'ils se tenaient près de nous dans l'invisible. Cette sensation demeure toujours agréable et sécurisante. Lors de soins, certains anges gardiens frôlent même le visage de mes clients. Ces derniers ressentent alors une brise douce et fraîche sur leur joue. D'autres disent éprouver la sensation d'une plume effleurant leur peau. Qu'on le perçoive ou non, chacun a un ou plusieurs anges gardiens. Ce sont des cadeaux de Dieu offerts aux hommes durant leur incarnation.

À la suite de l'apparition des anges lors de soins, je me suis mise à identifier les anges gardiens de chaque personne. J'ai constaté que certains individus étaient entourés d'anges entièrement blancs avec de grandes plumes d'oiseaux blanches. D'autres anges arboraient des plumes de différentes couleurs et de grandeurs variées. À l'extrémité de certaines plumes, on pouvait voir des nuances ou des teintes variées, argentées. Certaines personnes possédaient aussi des fées (les anges de la nature) en tant qu'anges gardiens. Celles-ci possèdent des ailes de papillon multicolore ou de libellule. Certains êtres étaient entourés d'anges d'allure féminine arborant des ailes aux couleurs brillantes, dorées, argentées ou multicolores, un peu comme les parures du Carnaval de Rio.

Un jour, une dame, Marie, m'a demandé de lui décrire son ange gardien. Nous nous sommes assises, l'une en face de l'autre, et j'ai pris ses mains. En fermant les yeux, j'ai vu un magnifique être céleste apparaître. Il était tout blanc, lumineux, avec des plumes blanches ravissantes. Le bout de ses ailes était orné de somptueux diamants brillant de mille feux. Son ange avait un visage resplendissant. Une vision grandiose et féérique.

Dès ce moment, les anges gardiens se présentaient à ma demande. Je réclamais leur présence et ils se manifestaient. Ainsi, en recevant une jeune cliente de seize ans lors de soins énergétiques, j'ai demandé à son ange gardien de se manifester. Un elfe s'est présenté comme ange gardien. C'était un magnifique être, mince, lumineux, avec une grande chevelure. Cet elfe avait les oreilles en pointes comme dans les images de la mythologie. Étonnamment, ma jeune cliente avait elle aussi une oreille en pointe.

Toutefois, d'autres anges peuvent se joindre à nos anges gardiens. Ils ont la possibilité de nous accompagner à différentes étapes de notre vie, selon ce que nous vivons. Ce sont des aides supplémentaires qui nous sont offertes par le divin afin de nous aider à réaliser nos rêves ou à traverser une étape importante de notre vie. Comme nous avons tous un rôle spécifique à jouer sur cette terre, les anges peuvent nous guider pour trouver le sens de notre vie. Faites-leur confiance, car ils savent souvent mieux que nous ce qui est bon pour notre évolution.

Pourquoi parler aux anges ?

Les anges sont comme de grands frères de l'autre monde. Ils veulent que l'on partage avec eux nos joies et nos rêves. Ils désirent être présents dans tous les aspects de notre vie. Ils veulent faire partie intégrante de nos existences. Nous pouvons les voir comme des amis à qui nous confions nos joies, nos peines et nos pensées secrètes. Ils ont un rôle de guide et de protecteur en même temps. Nous pouvons leur livrer absolument tous nos souhaits et ils veilleront à les matérialiser selon le plan parfait.

Venant du monde céleste, ils ont cette capacité de manifester nos désirs et de concrétiser nos vœux. Cela fait partie de leur mission d'harmoniser notre existence et de réorganiser les évènements afin de faciliter notre vie.

Comme les anges ne peuvent intervenir dans notre quotidien sans une demande de notre part, il nous appartient de leur faire savoir clairement ce qui est cher à notre cœur.

En premier, il faut préciser nos désirs. Prenons le temps de déterminer quelles sont nos aspirations profondes.

Que voulons-nous vraiment ? Désirons-nous un travail répondant mieux à nos aptitudes ? Souhaitons-nous une vie familiale plus harmonieuse ? Voulons-nous découvrir notre mission de vie, un environnement favorable à notre épanouissement, un milieu de travail plus agréable ?

Quel que soit le sujet, les anges ont besoin de connaître ce qui nous préoccupe. Chaque demande est prise en considération et traitée avec attention. Toutes les requêtes peuvent être exaucées en accord avec le plan divin, c'est-à-dire que les évènements se mettront en place selon la volonté céleste et non selon la nôtre, car les anges savent souvent mieux que nous ce qui est bon pour notre cheminement. Comme ce sont des êtres illimités, ils peuvent créer des solutions magiques à nos désirs. Ils ont la capacité de mettre en lumière des résultats que nous n'aurions jamais envisagés.

Dans le même ordre d'idées, les anges ont aussi la possibilité de répondre à des demandes ponctuelles reliées à notre vie quotidienne.

Par exemple, ils peuvent nous trouver un stationnement au centre commercial, récupérer un objet perdu dans la maison, etc. Ils sont les maîtres des solutions divines. Le fait d'exaucer ces simples demandes de notre quotidien permet d'enjoliver et d'égayer nos journées, grâce à eux.

Toutefois, il ne faut pas être mal à l'aise de requérir l'aide des anges, car nous ne pouvons les déranger. Ce sont des êtres ayant la capacité d'être à plusieurs endroits en même temps. On ne prive jamais personne de leurs services en les appelant. En absence de demandes de notre part, ils doivent attendre patiemment que nous nous adressions à eux.

Ainsi, nos demandes aux anges peuvent être transmises de différentes façons. Nous avons la possibilité d'entrer en contact avec eux par la prière, la communication directe ou la pensée.

La prière

Secrètement et en toute tranquillité, je prends le temps d'exprimer aux anges mes désirs, mes projets et mes aspirations. Dans cet espace de paix, je me permets de mettre en lumière mes souhaits les plus chers. Les anges sont auprès de moi et à l'écoute de mes vœux.

La communication directe

L'expression à haute voix d'une requête est ma façon favorite de demander l'appui des anges. Je peux leur dire tout haut les besoins à manifester dans ma vie. Je m'adresse à eux comme à des amis à qui je confierais tous mes désirs. Souvent, je sens leur présence auprès de moi lorsque je leur parle. De plus, lorsque des situations problématiques se présentent dans ma vie, je requiers l'aide des anges afin de régler divinement ces situations.

Voici une expérience reliée à une demande faite aux anges. Un jour, je vivais une difficulté avec une personne de mon entourage. Cet individu essayait de m'influencer négativement quant à mes choix professionnels. Il était insistant et comme c'était quelqu'un près de moi, je ne savais plus quoi faire pour me libérer de son emprise. Je ne désirais pas l'affronter sachant que cela ne ferait qu'envenimer le problème. Je me suis tournée vers les anges et je me suis exprimée à haute voix. Je leur ai expliqué la situation en détail et j'ai partagé avec eux à quel point je me sentais désemparée dans ce contexte. C'est alors que j'ai vu apparaître un maître lumineux à même mon salon. Il m'a dit: « Je m'occupe de tout. » Je me suis sentie rassurée. Miraculeusement, la situation s'est replacée. La personne a pris de la distance par rapport à mes choix et elle s'est éloignée de ma vie. La solution divine s'était manifestée.

La pensée

Les anges communiquent aussi par télépathie. Dans l'autre dimension, c'est le mode de communication privilégié. Tous les êtres échangent des informations par des pensées ou des images mentales. Les renseignements passent directement d'un esprit à l'autre. Ainsi, en parlant mentalement aux anges, ceux-ci perçoivent nos questionnements et accueillent nos souhaits.

Quel que soit le type de demandes, elles peuvent toutes être satisfaites par les anges. Ainsi, un jour, j'ai dû faire un appel à l'aide angélique afin de me sortir d'un danger imminent.

J'étais sur le chemin du retour après une journée de travail. Je roulais promptement en voiture et je me suis engagée dans une bretelle d'accès à l'autoroute. J'étais très fatiguée. Avant que je ne me sois rendu compte de quoi que ce soit, un camion routier roulant à vive allure s'est engagé dans la voie de droite. Ma voiture se dirigeait, elle aussi, rapidement dans la même direction. Il n'y avait pas de place pour nous deux. J'avais l'impression que ma voiture allait être engloutie dans ce mastodonte. J'ai pensé mentalement à l'archange Michaël pour obtenir de l'aide, et je ne sais pas ce qui s'est passé. Ce fut comme si un nuage était passé devant moi. Quelques instants plus tard, je me suis aperçue que le camion était rendu devant ma voiture. La collision avait été évitée par miracle.

Ainsi, les anges jouent leur rôle de protecteurs divins et modifient notre environnement afin de préserver notre vie.

Les jeunes

J'ai aussi constaté la facilité avec laquelle les anges répondent aux demandes des jeunes et entrent en relation avec eux. Dans leur conception du monde angélique, les jeunes n'ont pas d'hésitation à se référer à ces êtres célestes. Certains disent sentir continuellement la présence des anges auprès d'eux. Plusieurs requièrent le soutien des anges pour les accompagner à l'école, lors d'examens ou dans toute autre situation de leur quotidien. Le contact et la communication avec le monde angélique se font naturellement et facilement.

Ainsi, ma fille, lorsqu'elle avait seize ans, en a fait l'expérience.

Sabrina avait besoin d'aller magasiner des articles de sport. Comme c'était le jour de son anniversaire, elle désirait revenir rapidement afin de rencontrer des amis qui devaient quitter leur domicile à seize heures trente. En sortant du centre commercial, il était seize heures vingt-cinq. Le trajet pour aller au centre commercial s'effectuait en quinze minutes. Le retour à l'heure des embouteillages s'annonçait encore plus long.

Durant le trajet du retour, sur la route, toutes les voitures semblaient nous libérer le passage. Les lumières de circulation s'alignaient toutes sur le vert, la voie était dégagée partout. La distance du centre commercial à notre demeure s'est effectuée en aussi peu que cinq minutes. Je n'en revenais pas. Alors, ma fille me regarda et me dit: « J'avais demandé aux anges qu'ils dégagent la route pour nous afin d'arriver à temps pour rencontrer mes amis. »

Les anges avaient acquiescé à sa demande. Lorsque nous demandons aux anges de nous aider, ceux-ci se mettent à l'œuvre rapidement.

Or, dans le royaume céleste, les anges sont en attente de nos requêtes. Ils ne peuvent nous aider que si nous leur en faisons la demande. Cette loi divine fait partie du libre arbitre. Toutefois, le seul moment où ces êtres célestes interviennent sans avoir obtenu notre accord est lorsque nous sommes en danger de mort. Alors, ils passent à l'action sans préavis.

Plus nous parlons aux anges, plus nous recevons des messages d'eux et plus les informations deviennent précises. La communication avec les anges s'affine avec le temps. Plus nous acceptons leur présence dans notre vie et plus notre vie se transforme positivement.

Comment formuler une demande aux anges ?

Pour obtenir ce que nous désirons vraiment, il est primordial d'exprimer nos besoins de manière concise. Ainsi, quand nous avons une demande à formuler, il faut être le plus précis possible.

Dans les faits, les phrases que nous exprimons doivent être formulées à l'affirmatif. Il faut éviter les « ne pas », car ils créent une confusion entre ce que nous désirons et ce que nous ne voulons plus dans notre vie. Les anges ont besoin de messages positifs afin de nous aider dans la réalisation de nos objectifs. En formulant une requête avec clarté et précision, les anges seront plus aptes à réaliser nos désirs.

Ainsi, lorsque j'énonce une demande, je l'évoque à haute voix. Je la formule avec le plus de limpidité possible et je l'envoie aux anges. Par la suite, je les laisse s'occuper de tout.

Je lâche prise et m'en remets à eux.

Voici un exemple de demande: « Les anges, je désire une demeure confortable à Laval, dans un quartier tranquille, sans voisin à l'arrière et à un prix juste, le tout selon le plan divin. »

Je peux aussi clarifier le prix maximum que je peux offrir. On peut inclure plusieurs autres détails afin de préciser son désir. Il est possible de décrire le type de terrain, le voisinage désiré, l'accès facile à une autoroute à proximité, etc. Une fois la demande clairement formulée, les anges mettront tout en œuvre afin de répondre adéquatement à mon souhait.

Il y a quelques années, lorsque nous avons choisi de déménager, mon conjoint et moi, nous avions certaines demandes pour notre future demeure. Nous avons remis le tout entre les mains des anges et leur avons fait confiance. Au cours de nos visites, mon mari est rapidement tombé amoureux d'une maison. Dès qu'il y est entré, il se sentait chez lui. Il s'est assis dans la salle à manger, et c'était réglé. Pour ma part, la maison ne correspondait pas à mon idéal. Je ne la trouvais pas assez grande, étrangement divisée. Malgré tout, elle était le reflet grossier de toutes mes demandes. J'étais dans le doute. Nous devions aller signer une offre d'achat et j'ai annulé la rencontre. Je ne savais plus quoi faire. J'ai parlé aux anges et je leur ai demandé: « Si cette maison est pour moi, que tout se fasse selon la volonté divine et rapidement. »

L'offre d'achat s'est signée promptement, la vente a été conclue et nous sommes déménagés. Lorsque tous les évènements se mettent en place aisément, c'est une indication que tout est divinement orchestré. Malgré cela, il m'a fallu un an avant que je me sente chez moi dans cette nouvelle maison. Aujourd'hui, avec du recul, je réalise qu'elle était la maison idéale pour nous. Nous y sommes bien à l'aise et la vie y est très agréable. Elle correspondait exactement à nos besoins alors que je n'entrevoyais pas cela au départ.

Le contexte idéal

Nous ne pouvons pas décider quand et comment se manifesteront nos désirs. Nous ne pouvons qu'invoquer les anges et attendre qu'ils créent les conditions optimales. Parfois, nous sommes impatients de voir se réaliser nos vœux. Cependant, il faut laisser au divin le temps de mettre en place le plan parfait pour nous.

Nous devons demander qu'il arrive ce qu'il y a de mieux pour nous. Nous ne devons pas choisir le comment ni la résultante de la situation. Il n'est pas de notre ressort de choisir la manière dont ces êtres célestes arriveront à leurs fins. Notre rôle est simplement d'énoncer notre demande et de les laisser agir. Les anges sont inventifs, ils peuvent choisir un dénouement inattendu et souvent plus favorable que nous ne l'aurions cru. Étant des êtres illimités et divins, ils possèdent une vision élargie de notre situation et de notre vie.

De plus, ne soyez pas répétitif pour la même demande. Une fois votre vœu exposé clairement, lâchez prise et laissez les anges vous guider par les signes ou les indices qu'ils mettront sur votre chemin. C'est comme lorsque vous allez au restaurant. Vous passez votre commande à la serveuse et attendez patiemment qu'elle vous l'apporte. Vous êtes certain que les mets commandés vous seront livrés. Vous ne lui redites pas continuellement votre choix.

Le plan divin

Je demande toujours aux anges si l'objet de mes désirs répond au plan divin. Si oui, qu'il se manifeste. Mais, s'il n'est pas divinement guidé, je désire que la situation soit claire, c'est-à-dire qu'elle disparaisse par elle-même. Cette formulation me permet de vérifier si la volonté divine est derrière chaque occasion opportune qui se présente à moi.

Au début de ma carrière d'infirmière, j'avais envie de devenir acupunctrice. J'occupais alors un poste stable et à temps complet en soins infirmiers. À travers toutes les formations en énergie que je suivais, l'acupuncture m'attirait beaucoup. Cependant, pour étudier dans ce domaine, je devais démissionner de mon emploi actuel pour m'y consacrer à temps plein. J'ai demandé au divin : « Si cette formation est pour moi, que tout se mette en place facilement. Et si ce n'est pas pour moi, que ce soit clair. »

Je fus convoquée à une entrevue de préadmission. Une fois sur place, en échangeant avec le responsable du programme, nous sommes tombés en conflit de valeurs rapidement. Sa façon de penser était totalement contraire à la mienne. La rencontre était problématique et peu agréable. Pourtant, étant de nature conciliante, je ne comprenais pas pourquoi la situation avait dégénéré de la sorte. Je suis repartie avec un sentiment étrange en moi. Conséquemment à la rencontre, il va de soi que ma candidature n'a pas été retenue.

Par la suite, j'ai repensé à ma demande : « Si ce n'est pas pour moi, que ce soit clair. » Ça ne pouvait être plus limpide. Je suis retournée à mon rôle d'infirmière sachant que le mieux était arrivé pour moi.

Démissionner de mon emploi aurait sûrement été un mauvais choix. La réponse divine s'était manifestée promptement.

En somme, lorsque nous n'obtenons pas le fruit de notre demande, nous savons que celle-ci n'était pas orientée vers notre plus grand bien.

Dans d'autres cas, le fait de ne pas obtenir ce que nous avons demandé peut signifier que ce n'est simplement pas le bon moment. Les anges doivent orchestrer savamment tous les éléments de votre demande. Cette organisation divine suit des plans qui, comme les pièces d'un casse-tête, doivent s'emboîter afin de vous procurer la solution idéale. Il est toutefois préférable de laisser le divin organiser les évènements plutôt que de tenter d'accélérer le processus par soi-même. Les solutions divines arrivent toujours à point.

Ainsi, en demandant ce qui est le mieux pour nous, de merveilleuses surprises peuvent nous arriver. Remettez donc toute situation vous tracassant entre les mains des anges et lâchez prise. Par la suite, soyez attentif aux signes qu'ils mettent sur votre chemin et suivez leur guidance.

Chapitre 9

Les signes des anges

« Dans chaque petite chose, il y a un ange. »

– Georges Bernanos

Les anges veulent nous parler et ils tentent par tous les moyens de nous faire savoir qu'ils sont présents, avec nous. Comme la communication avec l'autre monde n'est pas encore facilement perçue par tous, les anges cherchent des moyens concrets permettant d'entrer en contact avec nous. Les anges utilisent des messages, des indices, des objets, des symboles, des sons et des images afin de nous dire qu'ils veillent sur nous. C'est ce que l'on appelle des « signes ».

Un signe, c'est une confirmation que nous sommes sur le bon chemin et que les anges nous accompagnent. Ce peut être quelque chose que l'on peut entendre ou voir. Les signes suivants peuvent se manifester : une plume trouvée au sol, un nombre apparaissant fréquemment sur votre réveille-matin, une annonce sur un panneau publicitaire, un numéro répétitif sur une plaque d'automobile, un mot dans une chanson, etc. Dès que l'on se demande si c'est un signe, c'est automatiquement un signe.

Un signe peut aussi être une réponse à une question adressée aux anges. Lorsque vous leur posez une question précise, soyez à l'affût des réponses prenant la forme de signes. Ce peut être une phrase dite par un passant, une partie d'une chanson exprimant la réponse désirée, un titre sur une revue trouvée par hasard, etc. Les réponses peuvent nous parvenir de différentes manières. Ces indices constituent diverses façons d'avoir accès aux messages des anges.

En prenant l'habitude de porter attention aux signes placés sur notre chemin, la communication avec le monde angélique devient plus facile. Ainsi, ces indices peuvent contenir des informations pertinentes et utiles à notre évolution. Chaque jour, les anges peuvent laisser sur notre chemin des dizaines de signes, tous aussi à propos les uns que les autres. Il ne tient qu'à nous d'apprendre à les remarquer.

Les nombres répétitifs

Un signe fréquent dont se servent les anges pour me signifier leur présence est la répétition d'un chiffre sur un cadran numérique. Il est courant que je constate l'affichage de chiffres répétitifs tels que 3h33, 4h44 ou 5h55. Lorsque ces chiffres se présentent, j'en déduis que les anges sont à mes côtés et je les remercie de leur présence. Ces chiffres me confirment aussi que mes compagnons divins veillent sur moi. Peu importe les chiffres apparaissant, c'est la répétition du même nombre qui me permet de confirmer la présence angélique.

Une amie, Josée, portait une grande attention aux signes des anges. Pour elle, les chiffres répétitifs sur les plaques d'immatriculation lui parlaient particulièrement. Une reprise du même chiffre lui permettait de confirmer l'aide divine l'accompagnant. Ainsi, un jour, alors qu'elle se rendait à un rendez-vous important, elle croisa des plaques d'immatriculation comportant 777 ou 999 durant son trajet. Dès qu'elle constatait une répétition de chiffres sur la plaque des voitures, c'était un indice favorable à une belle rencontre. Pour Josée, ce signe voulait dire que son rendez-vous serait profitable et divinement guidé.

Ainsi, être à l'écoute des signes des anges nous rassure et nous permet d'attester de la présence angélique dans nos vies. Cela signifie que les anges nous accompagnent dans notre parcours de vie.

Observez quels signes les anges utilisent pour vous joindre. Pour ma part, je trouve fréquemment des plumes d'oiseaux blanches sur mon chemin alors que d'autres personnes trouvent des pièces de monnaie. Toutes ces informations sont des moyens de nous indiquer que nous sommes divinement guidés et protégés.

Dernièrement, nous pensions emménager dans une nouvelle maison. Nous visitions une propriété vacante et entièrement vide. Nous marchions à l'intérieur de la demeure lorsqu'en entrant dans l'une des chambres, une plume blanche est tombée du plafond pour se poser directement dans ma main. Elle arrivait de nulle part. Je ne portais aucun vêtement pouvant avoir des plumes. C'était un signe des anges. Ils m'accompagnaient et veillaient à ce que je fasse un choix judicieux quant à l'achat d'une nouvelle propriété.

Plus nous demandons de signes aux anges et plus ils nous en envoient. Les anges peuvent nous aider plus facilement lorsque nous sommes réceptifs à leurs messages. Demandez aux anges des signes clairs pour n'importe quelle situation et vous serez étonné du résultat. Leur guidance est sans limites et offerte à tous.

Les étincelles de lumière

Les anges peuvent se manifester matériellement par des étincelles de lumière. Celles-ci peuvent être blanches, argentées ou colorées. Lorsque les anges passent près de nous, ils laissent une traînée de poussière lumineuse et ce sont de petits points lumineux derrière eux qui attirent notre regard. Selon mes observations, les anges gardiens se manifestent généralement par des étincelles blanches ou argentées. Les archanges disposent d'étincelles de couleurs correspondant à leur énergie : Michaël, en bleu, Raphaël, en vert, Métatron, en violet, etc. Certains grands maîtres, dont maître saint Germain, utilisent aussi les éclats lumineux pour se manifester à moi.

Il arrive parfois, lorsque je discute intensément d'un sujet touchant la spiritualité avec quelqu'un, que des étincelles de lumière apparaissent autour de mon interlocuteur et parfois directement sur lui. Une fois, une étincelle blanche a surgi du cœur de la personne. C'était un magnifique signe de la présence angélique auprès de lui.

Les anges et la répétition

Les anges utilisent des signes pour nous transmettre des messages ou pour guider nos pas. Si nous doutons d'un signe placé sur notre chemin ou que nous ne l'écoutons pas, alors ils répéteront le message à plusieurs reprises, de la même manière ou différemment. Ils ne se fatiguent pas de recommencer. Ils ont confiance en nous et ils croient en notre potentiel divin. Les anges ne voient que le bon en nous et s'affairent à nous guider vers le meilleur dénouement possible.

Ainsi, en autorisant la guidance angélique à s'installer dans notre vie, il se crée un lâcher-prise et une harmonisation. La vie devient plus simple et plus facile. Les anges nous offrent la possibilité d'être accompagnés en permanence afin de faire les meilleurs choix possible pour notre bonheur.

Chapitre 10

Communiquer avec les anges

« Rien n'existe en ce monde qui ne soit
la responsabilité d'un ange. »

– Saint Augustin

Au départ, il m'est plus facile de percevoir les messages des anges lorsque je me détends et que je prends le temps de bien m'oxygéner. Sachant que les anges communiquent plus facilement par l'oxygène de l'air, une promenade à l'extérieur s'avère un moyen simple et efficace de recharger mon organisme. Il en est de même lorsque je vais dans la nature. La pureté de l'air étant plus grande, je deviens alors plus réceptive aux messages des anges.

Il y a quelques années, je suis déménagée près d'un boisé. Dès mon arrivée dans cette nouvelle demeure, à proximité de la nature, j'ai instantanément constaté une amélioration de mes capacités psychiques. Le développement de ma clairvoyance et de ma clairaudience a progressé rapidement. Je recevais de plus en plus facilement les messages des anges dans ce nouvel environnement.

Il existe quatre façons d'entrer en contact avec les anges :

1. La clairvoyance ;
2. La clairaudience ;
3. La *clairsentience* ;
4. La *clairconnaissance*.

1. La clairvoyance

Cette capacité se manifeste par la capacité de voir les couleurs de l'aura ou des lumières angéliques ou par la vision du coin de l'œil. Mes étudiants partagent fréquemment avec moi avoir déjà entrevu un être passer de côté dans leur champ de vision. Lorsqu'ils essaient de regarder directement l'individu, celui-ci a disparu. Cela peut être une première manifestation de l'autre monde.

En clairvoyance, des images peuvent venir de notre champ de vision mental ou d'une vision directe, avec nos yeux physiques. Lorsque je fais des soins, les êtres m'apparaissent autant lorsque j'ai les yeux ouverts que fermés. Les deux moyens peuvent être utilisés. Afin de mieux capter le reflet des êtres de lumière, je baisse toujours l'éclairage ambiant afin de mieux percevoir leur luminosité. Leur grande brillance est plus aisément observable par contraste, dans la pénombre.

La clairvoyance permet aussi de voir l'avenir, le présent, le passé et les vies antérieures, car le temps n'existe pas dans l'autre dimension.

Mes premières images en clairvoyance se sont manifestées par des images statiques, comme des photographies. La première fois, lorsqu'une image fixe est apparue à mon écran mental, j'ai tenté d'entrer dans cette image par ma volonté. Alors, l'image s'est mise en mouvement et un petit film de quelques secondes s'est animé. Le film revenait en boucle et repassait les mêmes images en continu. C'était fabuleux. Je pouvais constater le décor, l'époque, et ressentir l'émotion associée à ce court métrage. Plus je dirigeais mon attention sur les films qui apparaissaient, plus ils se rallongeaient en temps et plus j'avais accès à des informations complémentaires.

Maintenant, les images sont toujours fluides, les films sont remplis de décors majestueux, les couleurs sont éblouissantes, le tout est magique. J'arrive à reconnaître les époques grâce aux monuments, aux sculptures présentes et aux vêtements portés par les individus. Les images sont aussi claires que dans un film couleur en 3D. La clairvoyance devient alors une source d'informations prodigieuses et fascinantes.

2. La clairaudience

Lors de premiers signes de clairaudience, celle-ci peut se manifester par de simples mots ou de courts messages. Nous pouvons aussi entendre une voix directement dans nos oreilles, venant de l'extérieur, ou dans notre tête. La voix peut ressembler à la nôtre ou être complètement différente.

Dans les débuts, plusieurs personnes entendent des voix, au loin, mais n'arrivent pas à discerner clairement le message. Pour d'autres, il y a des sifflements aigus dans leurs oreilles comme si le signal radio de l'au-delà n'était pas encore parfaitement ajusté. Plus vous restez ouvert à recevoir les énergies supérieures et à écouter ce qu'ils vous demandent, plus le discours devient continu. Vous pouvez aussi demander aux anges d'ajuster votre fréquence afin de mieux capter leurs messages.

Parallèlement, plusieurs de mes étudiants se plaignent d'entendre des bourdonnements lorsque la clairaudience se développe. Avec le temps, la fréquence du signal s'ajuste et les sons deviennent plus clairs et perceptibles.

Pour ma part, au départ, les messages me venaient par bribes, sons, mots ou courtes phrases. Plus j'écoutais ce que l'on me demandait, plus le message devenait fluide et continu.

Couramment, maintenant, j'ai l'impression que quelqu'un parle à côté de moi. J'entends l'être s'exprimer et je répète textuellement tout ce qu'il me dit. S'il est une femme, j'entends clairement une voix féminine. Si c'est une présence masculine, la voix correspond à celle d'un d'homme. La communication peut aussi se faire dans une autre langue que le français.

Lors de soins, j'ai demandé au guide d'une dame de se présenter. Un moine chinois vêtu d'un costume de satin rouge est apparu. Il lui disait par télépathie qu'il venait lui apporter sagesse et guidance. L'échange se poursuivit pendant le reste des soins. À la fin, je terminais le traitement en utilisant un bol tibétain. J'ai pris mon bâton et extirpé quelques sons de mon bol. Celui-ci s'était mis à *chanter* (terme utilisé pour décrire le son d'un bol tibétain). Chaque fois que le bol émettait un son, le moine récitait des mantras dans une langue ressemblant au mandarin. Je ne comprenais absolument rien à son discours. Lorsque je cessais de faire chanter le bol, les mantras arrêtaient. Le moine se synchronisait avec les sons du bol. Les sons qu'il émettait devaient avoir un pouvoir curatif sur la personne. Toutefois, la situation était tellement cocasse que je devais me retenir pour ne pas rire. J'ai partagé mes observations avec Julie et nous avons ri ensemble.

3. La *clairsentience*

C'est souvent le moyen de communication le plus facilement identifiable par tous. Nous pouvons ressentir des picotements sur notre peau ou dans nos mains, nous pouvons sentir l'émotion de l'autre, sa douleur, un changement de température, un frôlement ou un changement de la pression de l'air.

Les individus ayant une *clairsentience* très développée réagissent fortement aux émotions des autres : ils sont souvent mal dans les foules, ils absorbent l'énergie des gens maussades et ils vont jusqu'à ressentir la douleur des autres dans leur propre corps.

Lorsque j'ai commencé les soins en énergie, il y a près de trente ans, il était fréquent que je ressente la douleur des gens que je rencontrais. À cette époque, je croyais qu'en agissant de la sorte, je pourrais être une meilleure aide pour mes clients et amis. Aujourd'hui, lors des soins, je ne prends plus la douleur des autres. Je demande aux anges de me transmettre toute information pertinente afin d'aider l'individu, et ce, sans avoir à ressentir sa douleur.

4. La *clairconnaissance*

Cette capacité permet aux anges de communiquer à travers les pensées des gens. Les individus très cérébraux et sceptiques sont souvent pourvus d'une forte *clairconnaissance.*

Cette capacité est décrite comme un éclair en pensée, une aptitude pour réparer un objet sans jamais avoir su avant comment il était fabriqué. C'est une réponse à un sujet inconnu qui nous parvient d'on ne sait où, mais d'une exactitude surprenante. C'est une idée de génie, une information qui semble arriver de nulle part. Souvent, les scientifiques et les chercheurs utilisent cette faculté sans le savoir. Les grandes découvertes scientifiques se sont souvent faites par *clairconnaissance*.

Lorsque je fais des soins, il m'arrive de donner une information que je ne peux pas connaître. J'utilise parfois un langage et des termes n'étant pas dans mon vocabulaire, un style verbal différent ou je dis des mots m'étant complètement inconnus. L'important, c'est que la personne en traitement reconnaisse le vocabulaire utilisé et non moi.

Lors de soins, Rosalie s'informait de ses projets à venir. Je lui décrivis ce qui se présentait à moi et on me parlait de *conscience cosmique*. Je lui énonçai les termes utilisés par les anges. Rosalie m'affirma aussitôt qu'elle comprenait très bien ce que cela signifiait. Pour moi, ces mots n'avaient aucune signification rationnelle. Il est donc important de faire confiance aux anges. Ils nous insuffleront les bonnes paroles, celles ayant une signification pour notre interlocuteur.

En étant disponible pour recevoir les informations divines par ces quatre moyens, la communication avec les anges ne pourra que s'améliorer graduellement. Je crois sincèrement que tout le monde peut apprendre à échanger avec les anges. Toutes ces capacités sont accessibles à tous. Au départ, il suffit d'apprendre à être à l'écoute de nos perceptions et de la manière dont nous recevons les informations des anges. Graduellement et avec le contact des anges, toutes les capacités s'éveilleront.

Chapitre 11

Les cartes oracles

« Le seul vrai cadeau que l'on puisse faire à quelqu'un et à soi-même : faire confiance. »

– Francis Dannemark

La lecture de cartes oracles, ou divinatoires, s'avère un merveilleux moyen de percevoir les messages des anges. C'est une façon simple et abordable pour tous permettant d'amorcer la connexion avec le monde angélique. Il suffit de se procurer un jeu de cartes de style divinatoire de n'importe quel auteur et le processus peut commencer.

Comment faire une lecture de cartes ?

Dans la lecture de cartes, j'utilise les cartes comme un point de départ pour avoir accès à l'information venant des anges. Je ne lis pas les textes inscrits au bas des cartes, mais je me laisse plutôt guider par l'image ou l'impression générale de la carte. Mon attention peut aussi être attirée par la couleur sur la carte, un soleil dans le coin ou un arbre sur l'image. Alors, je pars de cet élément afin de laisser monter en moi tout ce qui se présente. Tout ce que je ressens, perçois ou entends lors du tirage des cartes fait partie de l'information à partager.

Prémisses de base pour la lecture de cartes

- Avoir des intentions pures.
- Être au « niveau » du cœur.
- Demander aux anges de recevoir les informations pertinentes pour l'individu.
- Remercier les anges de leur présence.

Posez la ou les questions suivantes :

- « Quel est le message des anges ? »
- « Comment puis-je contribuer à aider la personne ? »

Lorsque je fais la lecture, je brasse les cartes. J'en tire ensuite trois au hasard. La première à gauche représente le passé, la deuxième, le présent, et la troisième, le futur. Je mets l'accent sur le positif de chaque situation, car c'est ainsi que les anges procèdent. Les anges n'apportent pas de mauvaises nouvelles, mais ils guident les gens afin de leur permettre de prendre de bonnes décisions dans leur vie et dans la réalisation de leurs rêves.

Les messages fournis par les cartes peuvent être interprétés par les quatre dimensions, soit sentir (sensations), ressentir (sentiment), voir, entendre. Les cartes deviennent alors une extension énergétique de ma personne. Je n'essaie pas de contrôler les messages me parvenant. Je n'ai aucun désir, je me considère seulement comme un canal, un transmetteur. J'ai comme seule intention de vouloir « être au service ».

Si une ou plusieurs cartes tombent du jeu, je les ajoute au tirage. Ce sont des informations supplémentaires concernant le client. Je garde en tête que tous les éléments, sensation physique, intuition, image, son et ressenti, font partie du message à livrer à mon interlocuteur.

Dans la communication avec les anges, un élément important lorsque je reçois des messages est de ne pas les analyser avec mon mental. Je ne cherche plus à rationaliser ce qui se présente à moi en image, son ou sensation. J'accepte ce qui se présente en sachant que c'est ce qui est le mieux pour l'individu. Toutes les images, toutes les voix et tous les ressentis viennent des messages que me livrent les anges. Je transmets ces informations sans questionnement.

Si l'autre personne me pose une question précise, je me mets dans un état de réceptivité et de lâcher-prise où je n'ai pas d'attentes. Je n'analyse pas ce qui se présente, je partage ce qui me vient avec l'autre et je le lui décris avec le plus de détails possible. N'oublions pas que le message est destiné à l'autre personne. Parfois, il ne signifie rien pour moi et il peut représenter un élément important dans la vie de l'autre. En voici un exemple. Lors d'un cours, deux étudiantes, Josée et Manon, s'exerçaient ensemble. Josée voyait une image de marguerite apparaître devant ses yeux. Elle n'a pas osé le dire et l'image s'est transformée en un oiseau avec une marguerite dans le bec. Voyant la répétition, Josée s'est risquée et a nommé ce qu'elle voyait. Manon s'est mise à pleurer de joie, car sa mère décédée se manifestait toujours par une marguerite. C'était son code. Ainsi, une information qui peut nous sembler banale peut transformer la vie de la personne qui la reçoit. La lecture de cartes angéliques demeure un moyen important nous permettant de nous connecter aux énergies des anges, source divine de toutes les informations.

À la suite d'une pratique de lecture de cartes, une étudiante, Lucie, a reçu une révélation étonnante. Lucie assistait à l'atelier de communication angélique dans un but précis : communiquer avec sa mère défunte. Lors de l'exercice pratique, Lucie se retrouva en équipe avec une étudiante, Sophie, qui venait justement de « canaliser » une personne décédée lors de la lecture de cartes précédente. Malgré tous les messages pertinents de Sophie, Lucie était très sceptique. Elle argumentait avec Sophie et demandait continuellement à sa mère défunte de lui fournir un signe clair et indiscutable qu'elle était vraiment en contact avec Sophie. Lucie arrivait pourtant à reconnaître le discours de sa mère, mais rien ne la satisfaisait. Même si Sophie lui transmettait les mots exacts utilisés par sa mère et que sa clairvoyance était impressionnante, Lucie demeurait dans le doute. Tout d'un coup, Lucie ressentit une forte douleur à l'œil gauche. Une brûlure intense l'empêchait d'ouvrir son œil. Ne comprenant pas ce qui se passait, elle m'interpella. Les deux femmes étaient abasourdies.

Lucie sentait son œil brûler si fortement qu'elle ne repensait plus à la requête envers sa mère. Sachant que tout ce que nous ressentons lors d'un tirage de cartes fait partie de la lecture, je leur ai demandé ce qu'elles faisaient lorsque la douleur a débuté. Lucie s'est exclamée : « Je demandais un signe clair à sa mère pour confirmer sa présence. » Soudain, elle se rappela que sa mère avait perdu la vue de l'œil gauche à la suite d'une chirurgie des cataractes et qu'elle ne voyait plus de cet œil. Sa mère se plaignait souvent de ce globe oculaire dont elle avait perdu l'usage par brûlure au laser. Lucie venait de recevoir une preuve tangible de la manifestation de sa mère. Elle repartit estomaquée et la douleur à son œil gauche s'atténua graduellement à la suite de cette révélation. Lucie a vécu cette expérience spéciale pour que lui soit confirmée la véracité de la communication avec l'au-delà.

Je ne peux que constater la magie et la précision qu'utilisent les anges pour nous donner accès aux informations pertinentes pour l'individu. À la lumière de cet atelier, je peux affirmer que la lecture de cartes angéliques devient un support accessible et facile à utiliser par lequel les anges communiquent avec plaisir.

Exercice de connexion à un ange

Avant de faire une lecture de cartes et de vous mettre dans un état d'ouverture aux anges, je vous suggère cet exercice afin de vous unir à l'énergie angélique.

Installez-vous bien à l'aise. Détendez votre corps. Laissez aller toute tension ou préoccupation. Laissez vote corps se détendre. Inspirez profondément et expirez. Détendez vos épaules, vos bras, vos jambes.

Ressentez une belle lumière blanche se former autour de vous. Vous rayonnez de cette douce lumière étincelante. Sentez cette luminosité se glisser maintenant en vous. Tout votre corps devient pure lumière. Respirez cette lumière.

Une magnifique porte dorée apparaît maintenant devant vous. Vous la regardez en sachant qu'elle donne accès à un monde magique. À l'univers des anges.

Vous tendez doucement la main et tournez la poignée. Vous ouvrez cette porte et vous entrez. Un monde féérique s'offre à vous. Des centaines d'anges se promènent, rient, se déplacent en volant. Vous constatez la multitude d'anges présents, tous d'apparence variée. Certains sont majestueux, d'autres ont l'allure de chérubins.

Un ange s'approche et vous accueille. Il vous prend par la main et vous fait visiter ce royaume céleste. Vous découvrez des fontaines magnifiques, des paysages grandioses. Tout est si beau.

Vous vous assoyez avec lui chacun sur un siège céleste, l'un face à l'autre. Une fois assis, il vous explique qu'il sera votre guide pour votre incarnation terrestre. Il sera votre compagnon céleste, votre ami divin.

En prenant une grande inspiration, une lumière blanche irradie de son cœur et ce rayon lumineux se lie à votre cœur. Ressentez cette lumière resplendissante entrer en vous.

Vous êtes maintenant en connexion, cœur à cœur. Un lien d'amour vous unit.

Vous repartez de ce royaume magique. Votre ange vous raccompagne à la porte dorée. Vous traversez la porte et votre ange vous sourit. Il traverse avec vous de l'autre côté de cette porte.

Cet ange sera votre compagnon de route. Il vous guidera et vous soufflera le chemin à suivre. En toute circonstance, vous pourrez vous référer à lui. Il ne vous quittera jamais.

Remerciez votre ange pour sa présence.

Chapitre 12

Les archanges

« Voilà comment sont les yeux des anges,
ils peuvent voir jusqu'au fond du cœur. »

– Theodore Roszak

Parmi tous les anges, les archanges sont les êtres les plus près du divin. Ils sont les messagers de la volonté et de l'amour de Dieu. Ce sont les dirigeants des mondes célestes. Ils s'assurent de l'harmonie de ces univers et travaillent en collaboration étroite avec nos anges gardiens.

Dans la hiérarchie divine, ils se situent directement après Dieu. Par la suite viennent nos anges gardiens, les grands maîtres, les guides spirituels, les défunts et les humains. Tous ces êtres contribuent au grand plan divin. Mais, grâce à leur vibration très près de celle de Dieu, les archanges sont très bien placés pour guider l'ensemble des êtres, célestes ou humains.

Les archanges possèdent une allure grandiose et puissante. Leur énergie est pure et enveloppante. Une grande paix se dégage de leur présence. Ce sont de grands êtres majestueux et sans ego. Ils nous aiment inconditionnellement et ils ont comme mission de protéger l'humanité. Nous pouvons les invoquer en tout temps lorsque nous avons besoin de leur aide. Comme ils sont immatériels, ils peuvent aider un grand nombre de personnes simultanément. Ils sont toujours disponibles et heureux de nous guider vers des choix favorables pour nous.

Il existe un grand nombre d'archanges. Vous pouvez les invoquer afin qu'ils vous aident à tout moment de votre vie.

Personnellement, j'ai choisi d'être accompagnée de cinq principaux archanges : Michaël, Gabriel, Raphaël, Métatron et Uriel. Ce sont eux qui se sont manifestés le plus souvent dans ma vie et lors de traitements en énergie. Plusieurs autres êtres se manifestent aussi, mais lorsque j'amorce des soins, ce sont ces archanges que j'invoque pour m'accompagner.

Voici les caractéristiques propres à chacun.

L'archange Michaël

L'archange Michaël est l'ange de la protection divine. Il personnifie la force et le courage. Il est le plus puissant de tous les archanges. Lorsque nous lui en faisons la demande, il nous offre assistance et sécurité.

Il est généralement représenté comme un archange robuste et musclé brandissant une épée à la main. Dans les sculptures anciennes, on le voit terrasser un démon en l'écrasant sous ses pieds. Cette image symbolise la maîtrise de nos démons intérieurs, c'est-à-dire de nos propres peurs. Il est muni de son épée de lumière et son rôle premier est de nous libérer en « coupant » la négativité présente en nous et autour de nous.

Je demande toujours à l'archange Michaël d'être présent lors de soins, car il favorise la connexion avec la personne. Lorsqu'il se présente à moi, il arbore de magnifiques ailes blanches et imposantes. Il mesure près de deux mètres (sept pieds). C'est un être majestueux. Il « émane » un rayon bleu ciel.

Dans ses multiples fonctions, l'archange Michaël peut aussi intervenir miraculeusement pour nous protéger d'un danger de mort ou pour protéger nos êtres chers, nos véhicules, nos biens et nous-mêmes.

L'expérience de Diane

Diane roulait tranquillement sur la route quand la voiture devant elle a freiné brusquement. La collision était devenue inévitable. Voyant l'impact arriver, Diane a invoqué l'archange Michaël afin de la protéger. Sa voiture a foncé sur le véhicule en avant du sien et une secousse a eu lieu. Le choc lui a causé un léger mal de cou, mais elle n'avait aucune autre blessure. Elle est sortie de sa voiture pour constater que son véhicule était intact. Il n'avait même pas une égratignure, alors que celui de l'autre conducteur était tout enfoncé, presque une perte totale. Elle n'en croyait pas ses yeux. Par précaution, elle est allée faire vérifier son véhicule chez son concessionnaire au cas où il y aurait des bris non apparents. Sa voiture n'avait absolument rien. Aucun dommage. Lorsqu'elle raconta le tout à son mari, il n'arrivait pas à croire que l'autre véhicule était très endommagé. La voiture de Diane ne démontrait aucun signe d'accident. Michaël avait veillé sur sa vie et protégé son bien.

Dans son rôle de protecteur des biens matériels, je demande fréquemment à l'archange Michaël de protéger ma demeure lorsque je pars à l'extérieur de la ville. Je l'imagine alors dans mon salon, assis bien à l'aise sur le sofa et surveillant ma propriété.

L'archange Michaël est aussi un excellent réparateur. Lorsque nous effectuons des travaux de rénovation ou de réparation à la maison, la présence de Michaël s'avère souvent nécessaire.

Mon mari en a vécu l'expérience. Voilà quelques années, nous venions d'emménager dans notre nouvelle demeure et mon mari tentait d'effectuer le raccordement de tuyaux de la machine à laver. Après trente minutes de tentative, il n'arrivait pas à sceller le joint et des gouttes d'eau s'en écoulaient continuellement. Il eut l'idée de demander l'aide de Michaël. Instantanément, le joint se scella et l'eau arrêta de fuir. Le tout s'était miraculeusement réglé. Maintenant, il invoque toujours Michaël lors de travaux ou de réparations.

L'archange Gabriel

Dans plusieurs représentations, on le voit tenant une trompette de cuivre. Sa trompette symbolise la voix du divin descendu sur terre pour guider les humains. Il est l'ange de la communication. Gabriel permet de transmettre des messages clairs autant en paroles qu'en actions. Il accompagne les communicateurs et les enseignants. Son aide est aussi dirigée vers la concrétisation de tout nouveau projet. De lui émane une lumière jaune cuivré.

Je demande la présence de Gabriel lors de tous les soins afin que la communication soit fluide et facile. Parfois, il se présente afin de guider la personne vers de nouvelles avenues dans sa vie. Il clarifie les orientations ou chemins à emprunter lors d'un nouveau départ.

Gabriel m'accompagne toujours lorsque j'ai à prendre la parole en public ou lorsque je donne une formation. Il est incroyable de constater comment mon élocution est facilitée en sa compagnie.

L'archange Raphaël

Il est l'archange de la guérison sur divers plans (physique, émotionnel et spirituel). Par son rayon vert émeraude, il apporte l'énergie de guérison divine sur notre plan de conscience. Il représente le pouvoir guérisseur de Dieu.

Lors d'un travail thérapeutique, je demande son aide pour qu'il manifeste son pouvoir de guérison divin à travers moi. Souvent, il s'installe aux pieds de l'individu tandis que je suis positionnée à la tête. Par notre travail de collaboration, le taux vibratoire de la personne s'élève. Alors, plusieurs malaises quittent le corps d'eux-mêmes grâce à cette nouvelle vibration. Parfois, il guide mes gestes lors de soins énergétiques et les résultats obtenus sont étonnants.

La chirurgie et Raphaël

Lorsque l'un de vos proches ou vous-même envisagez de subir une chirurgie, je vous suggère une petite visualisation le jour avant la chirurgie. Voyez ce magnifique archange se glisser dans le corps du chirurgien, sa lumière vert émeraude émanant de lui. Visualisez l'archange Raphaël passer à travers les mains du chirurgien. Les résultats sont notables. Les gens qui l'ont essayé ont constaté que la chirurgie s'était très bien déroulée et le temps de récupération postopératoire était diminué.

Une dame l'ayant essayé a étonné sa famille par le calme qu'elle arborait avant la chirurgie. Elle savait que Raphaël réalisait la chirurgie par l'intermédiaire des mains du médecin. La chirurgie a été un succès et sa récupération, rapide.

Ma première rencontre avec l'archange Raphaël

Il y a quelques années, ma fille partait en voyage en Gaspésie avec sa classe scolaire. C'était au printemps, en pleine période d'allergie au pollen des arbres. Elle était tellement allergique qu'elle devait utiliser ses pompes (bronchodilatateur et anti-inflammatoire) tous les jours au printemps. Malgré un suivi médical étroit et la médication, souvent, sa condition se dégradait au point de devoir utiliser de la cortisone en urgence.

Malgré sa condition précaire, elle désirait ardemment partir en voyage scolaire pendant les quatre jours prévus. J'étais très inquiète et je savais qu'elle m'en voudrait éternellement si je la privais de ce voyage. Une voix m'a alors dit: «Demande à Raphaël de l'accompagner.» Je ne connaissais rien aux anges à cette époque. J'ai donc fait confiance et remis ma fille entre les mains de Raphaël. J'ai donné à ma fille de onze ans les recommandations d'usage pour ses médicaments, les dosages et la fréquence. Elle est partie avec son groupe. Ce fut quatre longs jours pour moi. À son retour, à ma grande surprise, elle se portait mieux qu'à son départ. Raphaël avait veillé sur elle. Maintenant, dès qu'elle part en voyage, je demande toujours à l'archange Raphaël de l'accompagner et tout se passe très bien. Elle est toujours protégée.

L'archange Métatron

Il est l'un des rares archanges s'étant incarné en tant qu'humain. Il a vécu des vies tellement exemplaires sur terre que Dieu l'a promu au rôle d'archange. Il personnifie le rayon mauve de l'élévation. Il permet d'approfondir le contact avec Dieu.

Sur le plan des soins énergétiques, Métatron m'accompagne toujours. Sa force douce et solide en même temps est rassurante. Il se place souvent aux pieds de mon client et lui insuffle de la force, du courage. Il vient en aide aux personnes hypersensibles. Il s'est incarné en tant qu'homme et je sais qu'il arrive à bien comprendre les émotions humaines. Je ressens un lien très étroit avec lui.

Interpellé par les enfants, Métatron les guide dans leur chemin de vie. Il affectionne particulièrement les enfants indigo, cristal, et tous ceux vivant avec des problèmes de déficit d'attention. Cet archange leur permet de saisir leur rôle dans notre monde. Métatron possède aussi des connaissances avancées sur le plan de la géométrie sacrée et de la guérison ésotérique.

L'archange Uriel

L'archange Uriel est l'ange de la connaissance. Il personnifie la lumière de Dieu éclairant notre esprit par des pensées et de l'information venant de Dieu. Grâce aux messages qu'il nous procure, il nous permet de passer à l'action au moment approprié. Il dissout la confusion présente en nous et nous guide vers des solutions divines. Il incarne le rayon rouge d'action.

Lors de soins, Uriel calme les sentiments de colère et de frustration qui obscurcissent notre regard sur la vie, ce qui permet de percevoir la sagesse infinie en toute chose.

Uriel est aussi un excellent vendeur de maisons. Si vous désirez vendre votre propriété, demandez l'aide d'Uriel. Il attirera vos acheteurs divins et il conclura la vente rapidement.

Lors de mes soins énergétiques, Uriel apparaît principalement lors de questionnements sur des transactions immobilières, déménagements, ventes ou achats. Il éclaire le client quant au meilleur choix à faire. Plusieurs personnes se sont référées à lui et les transactions se sont conclues rapidement. Sa guidance est étonnante et juste.

Ainsi, la présence des archanges est à la base de tous mes soins. Lorsque ceux-ci s'approchent de moi, je ressens souvent une brise de fraîcheur douce, enveloppante et toujours une grande paix. Je ne travaille jamais seule. Ce sont les archanges et les êtres de lumière (guides et grands maîtres) qui décident des soins, des messages à donner et du besoin de mes clients. Grâce à leur guidance, de merveilleuses libérations se produisent et de grandes guérisons se manifestent.

Invoquer l'aide des anges et des archanges me procure réconfort et protection. Lorsque nous lâchons prise et que nous remettons notre destin entre les mains des anges, autant lors de soins que dans la vie courante, les évènements de notre quotidien s'harmonisent.

TROISIÈME PARTIE

Le travail énergétique

Chapitre 13

L'approche Tianshi 天使

«Les anges d'aujourd'hui, ce sont tous ceux qui s'intéressent aux autres avant de s'intéresser à eux-mêmes.»

– Wim Wenders

Les anges étaient désormais au cœur de ma vie. J'offrais quelques ateliers de communication angélique par année et une nouvelle assurance s'installait en moi. En parlant des anges aux étudiants, j'expliquais toujours les expériences merveilleuses qui se présentaient lors de traitements. On me demandait souvent où j'avais appris à faire de tels soins. Chaque fois, je les dirigeais vers mes anciens maîtres.

Cependant, au printemps 2012, lors d'une formation, une étudiante m'interpella : «On voudrait que tu mettes sur pied une formation en soins énergétiques, un mélange de tout ce que tu fais. C'est toi que l'on veut et non tes anciens enseignants. C'est ton énergie que l'on désire.» Sur le coup, j'ai été très surprise. Je remettais justement en question la pertinence des formations que j'offrais. J'adorais toujours autant faire des soins énergétiques, mais les ateliers de communication angélique me demandaient beaucoup d'énergie en préparation. Je venais justement de dire aux anges : « C'est le dernier atelier de communication angélique que j'anime. Ensuite, j'arrête. » Il semble que les anges en avaient décidé autrement.

Après la demande de créer un nouveau cours en soins énergétiques, je me suis dit : « Pourquoi pas ? » La deuxième semaine de cours, je proposais la formation en Tianshi, six rencontres de trois heures plus une « journée Tianshi », le tout prévu pour septembre. (La journée Tianshi permettait aux étudiants d'offrir des soins au grand public, et ce, à faible coût.) La réponse du groupe a été positive et presque tous les étudiants se sont inscrits à mon cours en sachant très bien que celui-ci n'était pas encore écrit.

Au cours de l'été, la matière pour la formation venait à moi facilement et sans aucun effort. Alors que je me baignais ou pratiquais toute autre activité estivale, l'information descendait à mon oreille et je m'installais à l'ordinateur pendant des heures afin de poser la matière sur le papier. Je recevais directement, en canalisation, les directives des anges. Ils utilisaient toutes les connaissances que j'avais acquises durant mes dix années de formations et ils organisaient la matière selon une structure propre à eux. Ils me disaient d'aller chercher telle information dans tel livre et, parfois, je remettais en doute leurs consignes. En allant vérifier, effectivement, l'information demandée s'y trouvait. Je n'avais plus qu'à suivre leurs instructions et tout le travail se faisait.

Toute la formation s'est écrite ainsi. En septembre, j'offrais donc la formation sur l'approche Tianshi 1. Ce fut une première expérience merveilleuse. Et pendant que j'écrivais les détails du premier niveau, les anges m'informaient déjà qu'il y en aurait un deuxième.

Entretemps, cette nouvelle formation devait avoir un nom intéressant et facile à retenir. Mon mari a étudié un peu le mandarin. Nous nous sommes donc tournés vers le dictionnaire français-mandarin. Nous cherchions la traduction des mots *archanges*, *anges* ou de tout autre mot de la même famille. Opter pour un terme angélique allait de soi, étant donné que les soins seraient réalisés sous la guidance des anges. Ainsi, nous nous sommes arrêtés sur *Tianshi*, signifiant « ange » en mandarin. L'approche Tianshi était née. Elle devenait une combinaison de plusieurs techniques énergétiques : reiki, médecine énergétique, polarité, thérapie par le rêve et autres techniques associées à la guidance des anges.

La création d'une école

La formation en Tianshi allait bon train. Les élèves étaient satisfaits des enseignements et de leur expérience. Un deuxième niveau m'était demandé. Toutefois, j'avais un horaire chargé. J'alliais travail à temps complet comme infirmière, enseignement du Tianshi les fins de semaine et parfois un soir durant la semaine et vie familiale (deux adolescents).

J'ai maintenu ce rythme un certain temps, mais mon corps m'a donné un signe indiscutable. J'ai attrapé une maladie pouvant avoir des conséquences définitives. Heureusement, une amie naturopathe m'a suggéré des produits naturels qui ont eu un effet bénéfique sur ma santé. Je me suis rétablie en quelques mois. Après cette épreuve, les anges m'ont dit : « Tu as une deuxième chance. Qu'en feras-tu, maintenant ? » Je leur ai répondu : « Je vous offre ma vie. Faites-en ce qui sera le mieux. »

Mon chemin se dessinait de plus en plus en lien avec l'école de soins énergétiques. Je me suis donc aménagé un horaire allégé et j'ai formé une personne afin qu'elle donne certains cours à ma place. L'idée a donné de bons résultats.

Toutefois, un matin, la voix me dit : « Diminue ton nombre de journées de travail infirmier à trois jours par semaine. » Je n'étais pas très enthousiaste à cette idée. Mes inquiétudes portaient sur l'aspect pécuniaire. J'avais deux enfants qui fréquentaient le collège privé, un prêt hypothécaire récent à rembourser et je n'avais aucune preuve concrète d'entrées financières satisfaisantes venant de l'école. Comme cette dernière en était encore à ses premiers pas, les gains s'avéraient minimes.

Par contre, comme j'avais appris à écouter ce que les anges me disaient sans me poser de questions, je suis allée rencontrer mon supérieur et j'ai réduit mon temps de travail infirmier à trois jours par semaine. J'ai toutefois fait une demande précise aux anges. J'acceptais de suivre leurs instructions. En échange, ils veillaient à ce que je n'aie aucun souci financier. Je ne devais manquer de rien. Et c'est ce qui est arrivé.

À la suite de la réduction du nombre d'heures de travail, l'école a pris son envol. Le nombre d'inscriptions a augmenté et, avec du recul, j'ai dû constater que je n'aurais jamais pu consacrer autant de temps à la création de nouveaux niveaux et ateliers si j'étais demeurée à temps complet à mon emploi d'infirmière.

À travers les enseignements du Tianshi, le contact accru avec les énergies angéliques et mes propres capacités psychiques augmentaient. Auparavant, je devais toucher aux gens pour voir et ressentir ce qui se trouvait dans leur énergie. Maintenant, en jasant, les images peuvent arriver d'elles-mêmes.

À une occasion, je discutais avec une collègue de travail. Lise me parlait de son mari. En disant son nom, une image très claire m'est apparue. Je le voyais habillé en chevalier et il était doté d'une armure dorée. Il montait un magnifique cheval blanc. Sa chevelure blonde volait au vent. Je ressentais la vibration de noblesse intérieure et de défenseur. Je partageai cette vision avec Lise. Elle était étonnée et, en même temps, elle me confirma que son mari portait encore cette même vibration dans cette vie-ci.

De telles manifestations se présentaient de plus en plus.

Entretemps, le rôle de l'école allait se définir de plus en plus. Alors que le but initial était d'aider les individus à se reconnecter à leurs capacités psychiques, une nouvelle avenue se présentait à moi. Les anges allaient harmoniser les vies des étudiants à la lumière de la philosophic particulière du Tianshi.

Une cliente est venue me voir pour des soins. Chantal me raconta que rien n'allait plus dans sa vie. Elle était en arrêt de travail. Un changement majeur avait été fait dans ses outils de travail et, depuis, son plaisir au boulot s'était enfui. Chantal n'avait plus d'amis. Sa relation amoureuse l'étouffait. Elle se sentait seule au monde. La déprime l'envahissait, mais, malgré un suivi en thérapie, elle ne voyait plus la lumière au bout du tunnel. Je sentais qu'elle ne tenait plus vraiment à la vie.

Je lui ai fait des soins Tianshi. Les anges me montraient qu'elle possédait de très belles capacités médiumniques et qu'une belle lumière blanche circulait dans ses mains. Elle me confirma avoir besoin de reprendre contact avec la dimension spirituelle. Je lui suggérai de suivre le cours de Tianshi afin de se retrouver avec des personnes comme elle afin de se créer un nouveau réseau d'amitiés. Chantal accepta et s'inscrivit au premier cours disponible, soit trois semaines plus tard.

Au premier cours, elle arriva en retard, le regard morne et terne. Lorsqu'elle dit la raison de son inscription, elle expliqua aux autres participants que tout allait mal dans sa vie. Chacun l'écouta avec compassion et ouverture. Lorsque la pratique entre étudiants débuta, Chantal reçut facilement les informations des guides. Selon le programme régulier des formations en Tianshi, elle donnait et recevait des soins en avant-midi.

Au retour du dîner, chacun partagea son expérience et une légère brillance s'installa dans ses yeux. Après que les quelques notions théoriques furent abordées, on procéda à une autre pratique de soins. La magie de l'énergie angélique continua de faire son travail pendant les soins.

La semaine suivante, Chantal, souriante, et le regard lumineux, se présenta au cours. Chaque étudiant le constata et le lui fit remarquer. Lors du partage en groupe, elle nous informa qu'elle déménageait la semaine suivante. Chantal sentait sa liberté revenir. Elle partait vivre seule. Elle en avait assez d'une relation étouffante. Elle affirmait qu'elle ne savait pas ce que la vie lui réservait, mais qu'elle était prête à prendre des risques. Chacun l'encouragea et la soutint dans son choix.

Lors de la troisième journée de formation, chacun partit et elle vint me serrer dans les bras et me dit: « Tu m'as sauvé la vie. » Un moment très émouvant pour moi. Je lui ai simplement offert un espace pour s'en sortir et elle a choisi de le prendre. Je ne peux que constater que les anges ont fait tout le travail pour lui redonner du pouvoir sur sa vie.

Chapitre 14

La philosophie du Tianshi

« Les anges ne suivent pas toujours les règles habituelles.
Il leur arrive d'en inventer de meilleures. »

– Karen Goldman

L'approche Tianshi offre une façon simple et facile d'entrer en communication avec les anges, les guides, les défunts, les êtres de lumière, les grands maîtres et afin de joindre les vies antérieures. L'échange se fait par communication directe et instantanée avec l'au-delà. Le but recherché est qu'il n'y ait pas de délai de réponse, mais que l'information se présente dès que je me rends disponible, c'est-à-dire lorsque je m'installe pour faire les soins. Autrefois, je posais des questions aux anges avant de me coucher et la réponse surgissait dans les jours suivants. Maintenant, grâce à l'approche Tianshi, la communication est immédiate. Je peux donc recevoir et transmettre les messages de l'autre dimension en temps réel et partager ceux-ci avec mon interlocuteur durant les soins.

Pour arriver à être dans cet esprit de communication, l'école de Tianshi s'est dotée d'une philosophie afin de guider ses pas. Cette philosophie est la prémisse de base, le cœur de l'approche Tianshi. Les concepts qui la définissent teinteront le regard que nous portons sur notre relation avec le divin et l'humain.

La philosophie de l'approche Tianshi

- Ce sont les anges et les grands maîtres qui réalisent les soins et non pas nous.

- Seul l'amour existe. Il est la réponse à tous les maux. L'amour est la plus grande force « guérissante » au monde.

- En Tianshi, une passion doit émaner de nous. C'est elle qui élèvera les vibrations des clients. Lorsqu'un problème se présente, je le remets entre les mains des anges et je suis leur guidance. Je n'essaie pas de le régler par ma personnalité (ego).

- Lorsque les gens se sentent accueillis et aimés, la moitié du travail de guérison est réalisé.

- Avec le divin, la seule limite est en nous.

À la lumière de la philosophie de l'approche Tianshi, je permets à une puissance plus grande que moi de se manifester. Je mets ma personnalité et mes désirs personnels de côté et je remets les soins entre les mains des anges. J'accepte de devenir un canal, un instrument par lequel les anges communiquent. De cette manière, je choisis de me « mettre au service ». C'est une étape primordiale dans cette approche, c'est l'unique façon de procéder afin d'établir le lien avec le divin. Une fois cette étape franchie, la communication se crée facilement et à volonté.

Le lâcher-prise

En permettant au lâcher-prise de s'installer, je décide de ne pas contrôler comment réaliser les soins et ce qui en résultera. Je me laisse guider par le monde angélique. Les anges et les êtres de lumière savent mieux que moi ce qui sera profitable au client. Je cède la place à ces grands êtres. L'incidence de ce lâcher-prise se répercutera sur la qualité de présence lors des soins Tianshi, mais aussi sur ma vie personnelle. La vie devient alors plus facile. Je n'ai plus à décider, mais j'ai à suivre la guidance des anges. Ainsi, dans toute situation de la vie quotidienne, j'apprends à lâcher prise et à m'allier à l'aide du divin. Une grande paix et une impression de légèreté en découlent.

L'amour

L'amour étant à la base de toute vie, je choisis de vibrer dans une énergie d'amour, qui est propre aux anges, et d'émettre une fréquence angélique et guérissante. L'amour porte en lui la solution à bien des maux. Ainsi, en baignant dans cette énergie d'amour, beaucoup de problèmes se dissolvent d'eux-mêmes. L'amour soulage, réconforte et nous guide vers un monde de paix.

La passion

Tout comme l'amour, une passion doit émaner de nous. Elle soulève des montagnes et nous élève comme si nous étions sur les ailes des anges. Elle est un feu vivant. Pour offrir des soins Tianshi, je choisis de porter un grand amour des gens et des anges ainsi qu'une passion de l'autre dimension. C'est cette passion qui fait de nous des êtres « vivants », ayant le goût de pousser plus loin les limites de ce monde.

La guidance

Lorsqu'une difficulté se manifeste dans ma vie, je demande l'aide des anges afin de produire une solution divine. En tant qu'être humain, je ne vois souvent qu'un seul aspect de la situation. Il est remarquable de constater à quel point les problèmes se règlent de façon magique et étonnante, et sans affrontement, en faisant référence aux solutions divines. Concrètement, j'envoie ma demande aux anges et j'attends des signes, des messages ou des directives de leur part. Je choisis par la suite de suivre leurs instructions plutôt que celles qui sont dictées par ma personnalité.

L'accueil

Le Tianshi est plus une approche qu'une technique. C'est une façon différente d'aborder les gens en alliant guidance angélique et soins énergétiques. Dans l'approche Tianshi, une importance est mise sur la façon d'entrer en relation avec la personne avant, pendant et après les soins.

Ainsi, la façon de recevoir les individus est très importante en Tianshi. Ils doivent être accueillis avec amour et respect. Je donne toujours une accolade à mes clients dès leur arrivée. Je leur serre la main et leur démontre qu'ils sont importants et dignes d'amour. C'est cette force d'amour qui amorce le travail énergétique et déjà d'entrée de jeu l'énergie curative se met en place durant ces quelques minutes d'accueil. Les soins débutent donc avant même que la personne se couche sur la table de massage.

Aucune limite

Lorsque je travaille avec les énergies angéliques, il n'existe aucune restriction à leurs possibilités. Leur pouvoir est infini. Des guérisons émotionnelles, physiques, relationnelles peuvent s'effectuer. Les anges détiennent des avenues illimitées pour régler toute situation et souvent le dénouement des soins aura une perspective que je n'aurais pu imaginer en tant qu'humain. La force du divin détient tous les possibles.

Notez qu'il n'y a aucune limite à joindre ses capacités innées de clairvoyance, de clairaudience, de *clairsentience*, de *clairconnaissance*. La seule limite se trouve en nous. Afin de dépasser nos limites personnelles et d'atteindre notre plein potentiel, il peut être intéressant de découvrir quelles croyances nous portons.

Les croyances

Les croyances sont des idées que nous avons acceptées comme étant vraies et que nous avons choisi de faire nôtres. Il peut être intéressant de faire une liste des croyances que nous avons quant à nos capacités psychiques et de regarder celles qui nous ont été inculquées ou transmises. Nous avons toujours le choix de rejeter une perception si elle ne nous convient plus et d'adhérer à une nouvelle. Les croyances que nous possédons sont en perpétuel mouvement au cours de notre vie. À tout moment, nous pouvons décider de ne plus y adhérer et de les actualiser.

Plusieurs peuvent croire que ces capacités sont offertes à une « élite » possédant des dons particuliers. Ce n'est pas le cas. Il est naturel chez l'être humain d'avoir ces capacités innées et de les utiliser. Nous avons tous des intuitions, des impressions, des « déjà vu ». Certains disent avoir un radar en eux, d'autres ressentent les énergies des autres. Tout cela est normal chez l'être humain. En travaillant avec les anges, ces possibilités fleurissent et ressortent au grand jour.

Parfois, une autre difficulté que nous pouvons affronter pour nous connecter à nos capacités est reliée au fait que nous devons « nous permettre » d'avoir ce potentiel. Ainsi, lorsque des anges, grands maîtres, fées, défunts ont commencé à se manifester à tous les soins, je me suis posé la question : « Pourquoi moi ? » Je n'étais pas unique ni exceptionnelle. Mais, en vivant ces expériences extraordinaires, j'ai appris à m'autoriser à communiquer et à voir ces grands êtres. Par la suite, je me suis dit : « Pourquoi pas moi ? » Alors, pourquoi pas vous ?

Ainsi, en dressant un « inventaire » de croyances désuètes, il nous est possible de choisir d'adhérer à de nouvelles. Nous pouvons reconnaître que nous possédons déjà ces facultés en nous et que nous avons toutes les qualités nécessaires pour recevoir les messages des anges. C'est notre cadeau divin offert à tous.

L'intention ou la pensée du thérapeute

En Tianshi, l'intention est de première importance durant les soins. Si mon intention de base est de « contribuer », de « servir », alors je verrai apparaître la solution divine pour la personne. Je ne dois avoir aucune attente, je dois avoir confiance qu'il se produira le meilleur pour l'individu et m'en remettre aux anges. Si j'essaie de contrôler les messages me parvenant, je bloque la communication et plus rien ne se rend à moi. Alors s'installe un vide ou un silence. Je dois alors me recentrer, m'en remettre à nouveau aux anges pour relancer la connexion.

Je dois toujours me rappeler que je suis un canal à travers lequel les anges communiquent. Je ne dois rien désirer, je ne dois rien forcer, je ne dois pas vouloir de résultat et je dois juste être au « niveau » du cœur. La seule chose à faire est de visualiser l'être guéri et de me détacher du résultat. Ce sont les anges qui réalisent les soins et non pas moi.

Le client

Il est important de comprendre que lors de soins énergétiques, nous attirons les clients par résonance vibratoire. Ce sont nos vibrations et notre désir de contribuer à faire descendre le plan divin dans notre dimension qui créent une loi d'attraction. Demandez d'obtenir vos clients divins en concordance avec votre énergie. Alors, ils viendront à vous. Chacun a droit à ses clients divins, il suffit de les demander aux anges.

Ce qui est particulier lorsque je réalise des soins Tianshi, c'est que je retire autant de bienfaits du traitement que le client. Comme l'énergie des anges passe par moi, je ressors plus en forme après les soins qu'avant. L'énergie curative des anges augmente mon énergie en même temps que celle du client.

Une amie, Francine, me racontait que lorsqu'elle arrivait fatiguée après une journée de travail difficile, elle avait pris l'habitude d'offrir des soins à son conjoint. L'énergie profitable des soins Tianshi lui procurait un grand bien-être et rétablissait son énergie. Ainsi, un jour, en entrant du travail, lorsqu'il vit Francine, épuisée de sa journée, son conjoint s'est exclamé: «*Yeah*, je vais avoir des soins.»

L'enseignement du cœur

Il est important que nous restions au «niveau» du cœur lorsque nous donnons des soins Tianshi. C'est la clé de la réussite. Parfois, notre ego nous fait croire que nous contrôlons la situation et que nous sommes maîtres des soins. Ce sont les anges qui déterminent les soins et non pas nous. Notre ego humain n'a pas la capacité de choisir adéquatement ce qui convient au client, car il est motivé par le mental et la peur.

La peur empêche le lâcher-prise total. Nous devons nous en remettre entièrement à une puissance supérieure, c'est-à-dire aux anges. Nous ne devons pas avoir d'attentes et nous devons remettre le résultat à leurs bons soins. L'ego est cette partie en nous qui a peur et qui ne veut pas que quoi que ce soit change. Il y a une dualité constante entre notre vrai moi et l'ego. L'ego existe par nécessité pour faire un budget, des calculs, etc. Nous devons toutefois mettre l'ego au service du moi et non le rejeter. Bénissons l'ego pour ce qu'il nous apporte. Sinon, ce à quoi nous résistons persiste. Il ne faut pas combattre l'ego, mais il faut laisser la guidance divine influencer notre décision.

On peut apprendre à faire la différence entre les messages de l'ego et ceux des anges. Les anges sont plus rapides que l'ego. Notre première impression vient toujours des anges. Ensuite, l'ego rétorque. Il tentera de nous dire : « Tu ne peux pas réussir, tu vas te ridiculiser. Pourquoi essayer d'avoir plus ? Tu es bien avec ce que tu as. » L'ego négocie toujours avec nous.

Pour ma part, auparavant, l'ego se faisait entendre chaque matin lorsque je me préparais à offrir une formation. Il me disait : « Tu ferais bien mieux de te reposer à la maison aujourd'hui. N'y va pas. » J'ai appris à ne pas écouter ce guide pernicieux. Je ne combats pas l'ego. Je ne fais que m'abstenir de l'écouter. Je fais comme si quelqu'un que je ne veux pas entendre prononçait une parole et que je l'ignorais. Avec le temps, l'ego diminue ses interventions, car il réalise qu'il n'obtient pas d'écoute.

Les enseignements

Un élément particulier dans les enseignements des soins Tianshi est que l'apprentissage se passe dans la joie et le plaisir. Il est fréquent que les étudiants s'esclaffent durant les moments d'échanges ou lors de pratiques. Les anges adorent s'amuser et ils créent une énergie de réjouissance tout le long du processus d'apprentissage.

De plus, une ouverture est créée afin de permettre à chacun de développer son plein potentiel. Le but n'est pas que les étudiants soient un reflet de l'enseignant, mais plutôt qu'ils dépassent leurs propres limites et peut-être même les capacités du formateur. Lorsque nous permettons à chacun de vibrer selon sa couleur, sa particularité, nous retirons le meilleur de chacun.

En Tianshi, la méthode pour «canaliser» les anges est simple et facile à apprendre. Je constate que la vitesse de communication entre les étudiants et le divin s'est accélérée depuis la fondation de l'école de Tianshi en 2012. Beaucoup joignent les êtres de l'autre monde dès le premier cours. Plusieurs ressortent abasourdis et étonnés de ce qu'ils ont vu ou contacté en si peu de temps.

À travers toutes ces belles apparitions, des aventures dignes de films de science-fiction se produisent parfois. Des guides de cristal, des chamans, des guides hindous, des maîtres ascensionnés, etc., accompagnent les individus lors de soins Tianshi. L'au-delà est un monde fantasque et plein de rebondissements. Entrer en relation avec cet autre monde peut devenir une expérience pleine de surprises.

Les formations sur l'approche Tianshi

Les quatre niveaux de l'approche Tianshi abordent différents aspects. Ceux-ci sont décidés par les anges et suivent un rythme vibratoire s'élevant de niveau en niveau.

Succinctement, le premier niveau permet de bien s'approprier les notions de base des soins en apprenant à joindre les personnes décédées, les anges, les guides et les vies antérieures. Nous apprenons à couper les liens éthériques indésirables et à travailler avec les cristaux.

Le deuxième niveau inclut des techniques énergétiques à ajouter aux soins Tianshi de base, comme l'écriture automatique, l'utilisation de bols tibétains, l'équilibre des chakras avec les cristaux, le replacement d'axes énergétiques.

Le troisième niveau aborde des éléments plus subtils lors de soins énergétiques tels que le son, la vibration, le souffle, incluant des techniques énergétiques comme le magnétisme, le rayonnement des chakras, la résonance cardiaque.

Puis, le quatrième niveau traite de l'enracinement, de l'élévation de notre taux vibratoire et de la chirurgie éthérique. Il comprend beaucoup d'autosoins pour le praticien.

Dans les premiers niveaux, plusieurs libérations se produisent couramment. En avançant en grade, les libérations s'atténuent. Le travail angélique reste tout aussi puissant, mais tout en subtilité. Conséquemment, lors de soins, le praticien a moins à œuvrer sur le corps physique, mais plus sur les corps subtils.

À chaque niveau, le taux vibratoire de l'étudiant monte d'un cran. Or, par ses soins uniques, il développe sa spécificité, sa propre couleur.

L'unicité

Lors de soins Tianshi, nous atteignons un taux vibratoire impressionnant. Nos énergies deviennent plus subtiles et nos sens s'aiguisent. Notre perception s'affine et nous permet de mieux capter les messages du divin.

C'est cette communication directe avec les anges et tous les autres êtres de lumière que j'enseigne à mes étudiants. Je désire qu'ils deviennent eux-mêmes des canaux de lumière, ce qui permet aux grands êtres de les utiliser et de parler à travers eux. Je souhaite qu'ils obtiennent leurs réponses par eux-mêmes, qu'ils deviennent des messagers du divin.

Un élément important en Tianshi est que chaque personne retrouve sa particularité, son aspect unique. Elle possède de belles capacités psychiques. Le but est de lui permettre de grandir et de s'épanouir dans ses forces et son unicité. Les anges désirent permettre à chaque individu de devenir plus « lui-même ».

Ainsi, certains individus contactent plus facilement les défunts, d'autres entrent automatiquement en relation avec les vies antérieures et d'autres communiquent plus facilement avec les grands maîtres. C'est à travers cette diversité que la beauté naît. Chacun y va de sa force et c'est alors que la magie apparaît.

Avec le temps et la pratique du Tianshi, toutes les aptitudes se développeront. Plus nous sommes en contact avec l'énergie des anges et plus notre vibration se modifie. Nos vibrations s'élèvent et de nouvelles facultés se mettent en place.

Chaque être sur la terre a un rôle unique à jouer et lorsque l'individu se retrouve dans « sa vibration » ou dans sa mission de vie, alors il s'épanouit et tous les aspects de sa vie se mettent en place. En s'en remettant à une puissance supérieure, il se crée chez la personne un changement dans sa perception de la situation et la vie devient plus facile.

Quel que soit le niveau de Tianshi, une magie s'opère en présence des anges, ce qui permet de réaliser des soins dignes de ces êtres célestes.

Chapitre 15

Les soins

« Nous attirons exactement ce dont
nous avons besoin à chaque instant. »

– Edgar Cayce

Lors de soins Tianshi, je demande toujours la présence des êtres célestes afin de guider mes gestes et mes paroles. Une magie s'installe alors dans les soins et se ressent dans toute la pièce. Une énergie puissante et douce, mais palpable, englobe l'espace. Rien ne se fait par moi-même. Je n'ai qu'à utiliser les êtres de lumière pour réaliser les soins. Ceux-ci sont beaucoup plus efficaces si je cède la place aux êtres de lumière, aux guides et aux anges, comparativement à lorsque je les exécute par ma propre volonté humaine.

Tous les soins sont une méditation pour moi. Chaque fois que je m'installe pour faire un traitement, je m'imbibe de cette énergie angélique et j'en ressors nourrie. Un calme et une paix m'habitent. J'oublie toutes les préoccupations terrestres et je m'unis aux anges.

Lors de soins Tianshi, je ne connais jamais à l'avance les résultats ou les êtres qui se manifesteront durant la séance. Je sais que les anges coordonnent le traitement et qu'ils créeront les meilleures circonstances afin de permettre au client de progresser sur son chemin de vie. Les moyens qu'utiliseront les anges peuvent varier. Ainsi, il est possible d'avoir accès aux vies antérieures, de joindre les personnes décédées, d'exercer la voyance ou de rester dans la vie présente. Cela permet au client de recevoir l'information pertinente à son besoin actuel.

De grands maîtres peuvent se présenter : des anges, des guides, des elfes, des fées, etc. Tous ces êtres se manifestent dans le but d'apporter le message le plus significatif à la personne qui reçoit des soins. Les anges utilisent toujours ce qui permet d'offrir le message le plus éloquent pour l'individu.

Dans toute leur sagesse, les anges transmettront souvent des informations à la personne avant de répondre à ses questions, si elle en a. Les messages venant des anges l'emportent sur ses interrogations. Bien souvent, une fois les messages angéliques livrés, les questionnements ont disparu d'eux-mêmes.

Sous la guidance divine, il devient impossible de rater les messages des anges, car ceux-ci sont astucieux et savent comment nous joindre. Les anges savent de quelle manière nous toucher et nous faire comprendre leurs conseils divins. Toutefois, nous n'aurons accès qu'à ce qui peut aider le client dans son évolution. Le reste de l'information qui appartient à l'individu ne nous sera pas accessible.

Avant l'arrivée du client

Avant l'arrivée du client, je prépare un environnement enveloppant et chaleureux : une table de massage, une couverture douce, un oreiller douillet, des chaises confortables, un jeu de cartes des anges, une musique douce pour créer une atmosphère en arrière-plan et une lumière tamisée.

Quelques heures avant l'arrivée du client, il m'arrive de ressentir son énergie, surtout s'il est nerveux. Il est important de différencier l'énergie du client et la mienne. En voici un exemple. Une fois, je recevais une cliente, Janick, à dix-huit heures trente, pour des soins. Dès seize heures, je commençai à me sentir nerveuse. Je ne comprenais pas ce qui m'arrivait, je n'avais aucune raison de ressentir de la nervosité. Je tentais de me centrer et de faire le calme. Mais, lorsqu'arriva Janick, je compris immédiatement ce qui se passait. Elle était d'une grande nervosité, un peu inquiète de savoir ce qui se passerait durant le traitement énergétique. Je l'ai rassurée et accueillie chaleureusement. En début de pratique, il a fallu près de quinze minutes pour qu'elle se détende et retrouve un état de calme. Une fois la tension tombée, tout s'est bien déroulé. Les messages ont afflué facilement.

Lorsque le client arrive

L'attention que nous mettons dans l'accueil du client peut faire toute la différence dans le reste des soins. J'accueille presque toujours le client avec une accolade. Je crois que les contacts humains se sont perdus aujourd'hui et qu'avoir un contact humain chaleureux enclenche déjà un processus d'ouverture chez le client.

Lors de soins Tianshi, la personne nous offre sa confiance. Mon rôle premier est de mettre la personne à l'aise. Comme ce sont les anges qui gouvernent les soins, j'informe le client que l'on ne peut rien lui promettre, que l'on peut joindre les anges, des êtres de lumière, des personnes défuntes, des vies antérieures, ou rester dans la vie actuelle. Je deviens un canal transmettant les messages de l'autre plan de conscience. De cette manière, j'offre un espace d'expression à la volonté des anges.

Par ce processus, les anges transmettront les informations appropriées à chaque personne, à travers moi. Ces êtres célestes mettent principalement l'accent sur ce qui permet à l'individu de comprendre le but de sa vie et de se libérer des mémoires passées.

Commencer les soins

Je demande toujours la présence de l'archange Michaël. Je le sens se placer derrière mon épaule droite et il me souffle à l'oreille les messages divins. Sous la guidance de Michaël, je communique les images ou impressions venant de l'au-delà et cet échange devient interactif. Si la personne a des questions, je les pose à Michaël ou à tout être apparu et je transmets les réponses immédiatement. Il n'y a pas de délai d'attente. Si la personne désire s'adresser à son guide ou à un être cher, je deviens l'intermédiaire entre eux.

Comme ces informations ne me sont pas destinées, que je suis un canal par lequel les informations circulent, quelques heures après des soins, j'oublie entièrement les messages reçus. C'est un processus que les anges ont « installé » afin de libérer mon esprit. Les informations descendues durant les soins sont destinées à l'individu et non à moi.

La voyance

Il est fréquent lors de soins que j'aie accès à des évènements futurs. La clairvoyance nous propose des avenues possibles pour la personne. Ce n'est jamais une obligation. Je vois souvent plusieurs chemins devant l'individu. Les anges me montrent la voie la plus probable à travers ceux-ci. J'avise le client qu'il a le choix de poursuivre dans la même direction si cela lui convient. Il peut aussi modifier complètement le chemin exploré s'il ne lui plaît pas. Le libre arbitre prime toujours.

Une chose étonnante, lorsque j'utilise la voyance avec des enfants, c'est que les anges me montrent leurs aptitudes. Une jeune fille de treize ans, Joëlle, est venue me rencontrer, accompagnée de sa mère. En recueillant les informations des anges, ils me montraient clairement qu'elle était excellente en écriture. Je lui suggérai donc de sortir sa plume et de se mettre à l'œuvre. Le lendemain, elle publia un magnifique texte sur Internet. Son talent était évident. Sa mère lui acheta donc un livre où elle avait maintenant la possibilité de mettre sur papier toutes ses inspirations.

L'énergie

L'approche Tianshi ne consiste pas seulement à recevoir et à transmettre les messages des anges, des guides, des défunts. Elle est une combinaison entre la communication avec l'au-delà et le rétablissement de l'équilibre énergétique de la personne.

Toutefois, les trois buts des soins Tianshi demeurent au cœur de la pratique du Tianshi. L'ajout de techniques portant sur les corps énergétiques vise à rétablir l'harmonie globale de l'être. En alliant messages et soins énergétiques, les anges nous offrent une guidance autant par des conseils sur notre chemin de vie que par la manière de rééquilibrer le corps énergétique.

L'ajout de nouvelles techniques apporte un complément intéressant aux soins, mais n'exclut pas les trois buts des soins Tianshi. Les trois buts donnés par les maîtres restent la base indissociable de l'approche Tianshi. Le travail énergétique nous offre des outils supplémentaires pour les soins.

Habituellement, lorsque je réalise des soins Tianshi, je débute par la transmission des messages des anges. Je sollicite la présence de l'archange Michaël et je partage les informations venant de lui. Je demande aussi au guide de la personne de se présenter et j'entame la conversation avec cet être. Une fois que les échanges d'informations sont réalisés, je me dirige à côté de la personne et je commence le travail énergétique. Je vérifie l'état des chakras et je les équilibre avec un cristal de quartz. Je me laisse guider par les anges et je fais les gestes en suivant leur guidance.

Souvent, les anges me feront faire des gestes dont je ne connais pas l'aspect rationnel. Parfois, ils me font « tricoter » dans le corps énergétique avec un cristal et je me laisse guider par leurs consignes. Je constate alors que certains malaises ou douleurs disparaissent à la suite de cette guidance. Les anges savent mieux que moi comment réaliser les soins.

La médecine énergétique

En médecine énergétique, nous partons du principe que Dieu est parfait, et comme nous sommes une émanation du divin, nous sommes des êtres parfaits.

Lors de soins, le but est de mettre l'accent sur cette pensée : « Nous sommes tous des êtres divins, donc parfaits. » Les anges et les êtres de lumière veulent libérer la personne de ses croyances erronées afin qu'elle joigne à nouveau sa perfection. L'objectif est de permettre à la partie divine en soi de se révéler.

Le regard que nous portons sur l'autre influence la connexion avec cet aspect divin. Notre vision doit se tourner vers le principe suivant: «Notre corps divin étant parfait, le corps humain, son pur reflet, est parfait.» Une fois ce concept accepté, le reste du travail se fait par les anges. Ces êtres célestes interagissent alors par des messages angéliques et des soins adaptés aux besoins de l'individu.

Balancement des chakras

En Tianshi, j'utilise un cristal pour équilibrer les chakras. Les chakras sont des centres énergétiques logés dans le corps physique. Le travail de balancement des chakras s'effectue sur les principaux chakras situés au centre du corps physique, le long de la colonne vertébrale. Lorsque je regarde les chakras, je vois de petits tourbillons lumineux tournoyer au-dessus de chaque centre énergétique. À l'aide d'un cristal, les anges me guident dans le nettoyage et l'équilibrage de ceux-ci.

Voici un fait intéressant qui s'est déroulé lors d'une pratique entre praticiens. Une étudiante, Julie, m'a interpellée, car elle voyait un faisceau lumineux partir de son cristal et atteindre le tourbillon du chakra. La lumière qui passait à travers son cristal était si éclatante que j'arrivais, moi aussi, à le voir facilement. En faisant circuler la lumière à travers elle, le cristal devenait une extension d'elle-même. Le rayon de lumière tournoyait en nettoyant les chakras. C'était magique.

Regardons maintenant une autre technique permettant de recevoir des informations des anges en Tianshi.

Écriture inspirée

L'écriture inspirée peut être utilisée avant de rencontrer un client afin de lui transmettre un message écrit venant des anges. Je peux aussi l'utiliser pour recevoir de l'information des êtres de lumière.

Dans ce moyen de communication, le crayon et le papier deviennent des supports permettant de recueillir les informations venant de l'autre dimension. En demandant la présence de l'archange Michaël, nous élevons notre taux vibratoire. Les messages ainsi récoltés seront de haute teneur énergétique et viendront d'êtres célestes. C'est uniquement à la fin de la rédaction du texte que l'on saisit la teneur réelle du sujet. Souvent, les informations passent rapidement et j'ai juste le temps d'écrire les mots qui descendent dans mon esprit. Une fois que je relis le tout, alors l'essence du message transparaît.

Certains grands maîtres utilisent des termes poétiques, d'autres s'expriment en ancien français ou en prose.

Voici un texte reçu en écriture inspirée venant de deux êtres différents :

> « Il va de soi qu'il en soit ainsi. Ainsi, dans la vie et dans la mort. Beaucoup de choses sont en changement. L'atmosphère planétaire se modifie. Il va sans dire que l'univers est en mouvement. Cette ère mondiale est en pleine transformation. Transformation voulue et prévue. Il n'y a pas de hasard dans les incarnations. Tous sont venus aider. Il va de soi que plusieurs cherchent un sens à leur vie. Mais, cette vie a été programmée, prévue dans son essence. De grands bouleversements extérieurs, mais jamais aussi grands qu'intérieurement. C'est une révolution de l'intérieur, un pied en avant, un pas de plus. Notez bien ceci : il va de soi qu'il en soit ainsi. »

Un autre être se présente durant l'écriture :

> « Vous vivez un moment charnière, un grand pas dans l'humanité. Soyez bénis d'y être présents. Nous sommes avec vous et nous vous accompagnons dans ce processus. Comment en serait-il autrement ? Aucun n'est laissé seul, aucun n'est abandonné. Tous seront comblés de cette joie immense que sont la gratitude et la plénitude de vivre.
>
> » Nos compagnons, à vos côtés, ayant côtoyé la souffrance et l'ayant transcendée, comprennent et éprouvent de la compassion pour vous. Une grande grâce vous sera donnée bientôt, certains d'entre vous en seront touchés. Vous pouvez compter sur notre réinvestissement et notre accord en vos capacités. Soyez bénis et heureux d'être choisis. »

Ce message a été dicté par les êtres célestes. Ils utilisent un langage différent du mien et les formulations sont différentes de celles que j'utiliserais. Je sais que ce texte n'est pas de moi lorsque je le relis. Ces propos sont différents de ma propre pensée. Souvent, ce sont des informations auxquelles je n'aurais pu avoir accès par ma personnalité humaine.

Voyons maintenant un autre outil fréquemment utilisé lors de soins Tianshi : les bols tibétains.

Les bols tibétains

Depuis des siècles, les moines tibétains utilisent des bols afin d'accélérer le processus de guérison du corps. Les bols tibétains ont comme propriété de véhiculer des sons uniques, des énergies sonores. Ces bols « chantants » possèdent le pouvoir d'entrer en résonance avec les liquides du corps humain. Ainsi, les différents corps énergétiques captent ces vibrations et les diffusent des uns aux autres. Les ondes produites se propagent dans le corps entier. Notre organisme étant majoritairement composé d'eau, l'effet se diffuse rapidement. Ces sons ou nouvelles informations se rendent jusqu'à nos cellules et permettent de libérer les anciennes mémoires cellulaires cristallisées.

Les bols tibétains entraînent un relâchement du corps physique et une détente se produit. À la suite des soins, tensions, douleurs et malaises disparaissent souvent d'eux-mêmes.

Les carillons

Les carillons ont un impact énergétique important. Ils représentent l'énergie des fées dans leur essence la plus pure. Les sons mélodieux des carillons permettent de se connecter aux énergies d'univers féeriques. Ils procurent un rééquilibrage énergétique spécifique en fonction de chaque tonalité et couleur. Ils activent le processus de guérison.

Voici l'expérience de Kathie, une praticienne en Tianshi, en lien avec un carillon. Un soir d'été, j'offrais des soins à Lisa. J'étais debout, près d'elle, la main droite tenant un carillon bleu au-dessus du plexus solaire. Je suis restée ainsi pendant quelques instants, les yeux fermés, sans bouger. Puis, lorsque j'ai ouvert les yeux, j'ai regardé le carillon fixement et il a commencé à tourner doucement par lui-même. Le rythme s'est accéléré, il bougeait en diagonale en émettant une jolie mélodie. Je me sentais comme dans un autre monde. J'entendais des voix, il y avait beaucoup de jeunes voix. Je sentais une bousculade parmi les voix, tout le monde voulait parler en premier. J'entendais des vagues et le bruit de l'océan. C'est à ce moment que j'ai vu les sœurs sirènes de Lisa arriver d'une autre dimension. Elles étaient toutes très belles. Elles voulaient avoir des nouvelles de leur sœur. Lisa était la plus curieuse et la plus courageuse. Elle avait donc accepté de venir dans notre monde pour nous aider à évoluer. Ses sœurs voulaient être certaines qu'elle allait bien ici et qu'elle ne manquait de rien. Le carillon continuait de chanter sans que je bouge le bras. L'une des sœurs de Lisa voulait s'assurer que celle-ci ne les oublierait jamais. J'ai transmis cette information à Lisa, elle a répondu que jamais elle ne les oublierait.

J'ai ressenti une paix en moi, j'avais les larmes aux yeux. Presque immédiatement après, le carillon a ralenti pour ensuite s'arrêter complètement. Dans un silence total, avec un taux de vibration très élevé dans la pièce, Lisa et moi, nous nous sommes regardées sachant qu'il venait de se produire un contact exceptionnel.

Les cristaux

Depuis le début des temps, l'homme utilise les pierres et les cristaux afin d'avoir accès aux énergies des plans supérieurs. Le pouvoir incroyable des cristaux est de plus en plus connu et peut s'utiliser conjointement avec la volonté en dirigeant celle-ci dans un but précis. Les cristaux permettent aussi, par leurs vibrations, d'avoir accès à des informations pertinentes pour notre client. Les cristaux, en plus d'augmenter le taux vibratoire du thérapeute, concentrent l'énergie sur un but ou un point précis. Ils peuvent aussi nous aider à nous connecter aux vies antérieures et favoriser la reconnexion avec les capacités de clairvoyance, de clairaudience, de *clairconnaissance* et de *clairsentience*. Ce sont de puissants concentrateurs d'énergie qui, utilisés avec l'aide des anges, offrent un potentiel de catalyseurs extraordinaires.

Pour choisir une pierre ou un cristal, je me laisse guider par mon intuition. Celle-ci me dirige vers la meilleure pierre à utiliser lors des soins. Le cristal dont j'ai vraiment besoin m'interpelle plus que les autres. Il suffit d'être à l'écoute. En voici trois particuliers :

1. Le quartz « lémurien »

Le quartz lémurien « aqua aura » favorise l'accès aux vies antérieures, il est un très puissant catalyseur. La première fois que j'ai pris ce cristal, j'étais chez mon fournisseur de pierres. J'ai pris la pierre dans ma main et, immédiatement, je suis partie en vision dans une époque ancienne. J'ai vu une femme habillée d'une robe blanche avec un collier de grosses perles brunes. Le collier était fait à même la robe. Elle marchait calmement et pieds nus. Elle se dirigeait vers une fontaine avec un quartz lémurien aqua aura à la main. Je sentais qu'elle allait le mettre dans l'eau pour une raison spécifique. C'est alors que j'ai réalisé que mon fournisseur me regardait, stupéfait. Alors, je suis revenue dans le moment présent et la vision a cessé.

2. La sélénite

La sélénite augmente le taux vibratoire de mes clients. On l'appelle la « pierre des anges ». Elle a la capacité de s'auto-régénérer. Elle purifie aussi les autres pierres. Elle émet une vibration douce et calme. Elle est reposante et chasse le négatif.

3. Le quartz rose

Il est un baume pour les clients touchés par la tristesse ou qui nécessitent un peu plus d'amour-propre. Il représente l'amour et la douceur. Je donne souvent un cœur en quartz rose à mes clients à la fin de soins. Il continue le processus de guérison émotive, une fois ceux-ci retournés à la maison.

Ainsi, l'utilisation des cristaux et des pierres lors de soins Tianshi accélère le processus naturel d'autoguérison et amplifie notre énergie afin de nous rapprocher de celle des anges. Le contact n'en est alors que meilleur.

Les médiums

Il arrive que des gens ayant déjà accès à leurs capacités psychiques viennent me rencontrer lors de soins. C'est un moment privilégié pour moi. L'avantage d'offrir des soins Tianshi à une personne joignant déjà l'autre plan de conscience est qu'il est fréquent que nous recevions les mêmes informations simultanément. Des images semblables se forment et c'est un moment de pur plaisir. Il est agréable d'avoir la confirmation des messages que nous percevons et de constater leurs correspondances.

De plus, plusieurs étudiants vivent ce phénomène durant les formations. Un jour, lors d'une pratique en Tianshi 1, une étudiante demanda mentalement la présence de Marie, la Sainte Vierge. Elle sentit Marie apparaître à côté d'elle entre deux tables de massage. Au même instant, sans le savoir, la praticienne de la table adjacente déclara tout haut : « Je sens la présence de Marie. Elle vient d'arriver. »

L'apparition de Marie ressentie par deux personnes est venue confirmer sa manifestation. À la suite de cette expérience avec Marie, voyons plus en détail comment les grands maîtres font leur apparition lors de soins Tianshi.

Chapitre 16

Les grands maîtres

«Les maîtres sont ceux qui nous montrent ce qui est possible dans l'ordre de l'impossible.»

– PAUL VALÉRY

Les grands maîtres, ou maîtres ascensionnés, sont des êtres s'étant déjà incarnés dans notre monde. Toutefois, à la suite de leur vie émérite sur terre, ils ont quitté notre plan de conscience pour traverser de l'autre côté du voile. De l'autre monde, ils nous guident et nous conseillent. Plusieurs ont eu des vies exemplaires et ils ont laissé des traces indéniables dans l'histoire de l'humanité. Ce sont des guides, des enseignants et des modèles de sagesse. Ces êtres de raison ont une mission similaire à celle des anges, ils apportent leur aide aux hommes. Leur but est de guider les êtres incarnés et de les aider à réaliser leur plan de vie. Les grands maîtres nous livrent des messages d'amour et d'espoir. Ils répandent leur lumière sur nos vies.

Lorsque je les vois apparaître, les grands maîtres sont très lumineux et rayonnants. Leurs vêtements ont des aspects vaporeux, clairs, blancs, bleutés ou pastel. Souvent, une lumière blanche émane de leur visage. Ce rayonnement peut être si fort que, parfois, je n'arrive pas à distinguer précisément les traits de leur visage.

Plusieurs grands maîtres peuvent se présenter lors de soins. Ils ont pour mission de nous guider afin de comprendre ce qui faciliterait notre plein épanouissement. Cette prise de conscience engendrée par ces êtres lumineux se fait en douceur et toujours dans le but de faire jaillir une paix intérieure.

Les maîtres

De grands maîtres tels Jésus, Bouddha, la Sainte Vierge, maître saint Germain, Melchisédech et bien d'autres peuvent se matérialiser lors de soins afin d'apporter une aide déterminante à la personne. L'énergie de ces sages diffère. Chacun possède une vibration particulière.

Or, j'ai constaté lors de mes consultations que Marie se présente souvent lorsque la personne a besoin de douceur, d'une présence féminine ou de réconfort maternel. Marie symbolise notre mère à tous. Elle englobe donc l'individu dans une énergie apaisante et sécurisante. Une lumière blanche parsemée d'une teinte bleu pâle émane de son être. Sa compassion envers l'humanité est sans borne. La Sainte Vierge met un baume sur notre cœur. Elle apparaît aussi lors de traitements pour endosser le rôle de mère quand la personne a vécu des lacunes en lien avec sa mère terrestre.

La manifestation de Jésus se fait particulièrement quand l'individu a besoin d'un appui masculin, d'une force vitale douce, mais puissante. Il porte assistance lors d'épreuves ou de difficultés à surmonter. Jésus dégage une luminosité d'un blanc bleu ciel remplie de force et de courage. Il se manifeste fréquemment auprès de mes clients masculins. Jésus apporte soutien et solidité dans l'adversité.

Pour sa part, Melchisédech a une énergie plus directive et déterminée. Cet être est connu pour guider les thérapeutes lors de soins énergétiques. Il possède une connaissance avancée des pratiques énergétiques, incluant les pierres et les cristaux. Lorsqu'il s'adresse à moi, il est très directif. Aucune hésitation ne teinte ses demandes. Melchisédech sait exactement ce qui doit être fait lors de soins et il me dicte les gestes à faire avec clarté et précision.

Avec la pratique des soins énergétiques, j'en suis arrivée à une constatation générale. J'ai réalisé que chaque personne porte dans son énergie les êtres du monde des esprits avec qui elle communique en pensée ou en prière. Or, si une personne parle régulièrement avec son père décédé, ce dernier risque de se manifester lors de soins, car il est présent dans son champ énergétique. J'ai aussi observé que les personnes recevant des soins possèdent dans leur champ vibratoire l'énergie des grands maîtres à qui elles s'adressent fréquemment. La présence de ces êtres dans l'environnement du client crée une proximité leur permettant de se manifester plus facilement.

Il est toutefois intéressant de se rendre compte de la multitude de maîtres pouvant se manifester lors de soins Tianshi. Parfois, j'arrive à les identifier par leur vibration et, à d'autres moments, ils me communiquent leur nom. Comme je ne connais pas nécessairement tous ces êtres de sagesse, je dois parfois chercher dans la littérature afin de découvrir le nom du maître présent.

En d'autres temps, je dois consulter le client pour découvrir le nom de l'être qu'il porte dans son énergie. En voici des exemples.

Au début d'un traitement, j'ai demandé au guide de la personne présente de se manifester. Je vis apparaître un bel homme basané, souriant et d'une très grande douceur. Je le décrivis à ma cliente, Rosa. Il était beau, grand et il reflétait une grande profondeur. Rosa s'exclama: « C'est Babaji. » Je n'avais aucune idée de qui il était. Alors, elle m'expliqua qu'elle parlait fréquemment avec ce grand sage. Je n'aurais pas pu l'identifier sans son aide. Ainsi, ce maître, connu comme l'enseignant des grands maîtres, demeurait à ses côtés, car elle était en communication régulière avec lui.

Dans un autre cas, un grand sage est apparu à gauche de Gisèle. Il dégageait une immense paix et un grand calme. Il parlait avec beaucoup de profondeur et il complimentait la personne sur la sagesse qu'elle possédait en elle. Il disait qu'il allait l'accompagner sur son chemin. Ses propos étaient sous forme de paraboles, tellement que j'avais un peu de difficulté à comprendre le sens concret de ses paroles. J'ai transmis les messages à Gisèle en lui disant que ce serait à elle de comprendre le sens exact de ses propos, car le message lui était dédié. Par la suite, je lui ai demandé son nom. Il m'a dit: « Le roi. » C'est alors que j'ai eu des frissons des pieds à la tête en réalisant qu'il était Salomon. Nous comprenions alors pourquoi il avait un langage philosophique et poétique. Il était maintenant devenu son guide. Gisèle portait désormais en elle l'émanation de cet être, une part de sa vibration.

L'identification

Pour ma part, j'entretenais toujours la communication avec « mon guide de guérison » lors de soins. Il se joignait à moi depuis vingt années. Ce vieil homme lumineux à barbe blanche continuait de m'éclairer avec son ton impératif et directif. J'aimais travailler en sa compagnie et j'avais pris l'habitude d'être avec lui. Je ne m'étais jamais demandé quel était son nom. Il venait toujours à moi lors de soins énergétiques, principalement lorsque j'utilisais des cristaux.

Un jour, en assistant à une méditation canalisée, une dame médium expliquait les différentes énergies qui pouvaient l'habiter lors d'une canalisation. En décrivant l'énergie de Melchisédech, avec son ton impératif et précis, je l'ai tout de suite reconnu. En rentrant chez moi, après la séance de méditation, je suis allée directement sur mon ordinateur pour trouver une image représentant cet être de sagesse. Quelle ne fut pas ma surprise de reconnaître mon guide de guérison, présent à mes côtés depuis tant d'années ! Ce grand maître spécialisé dans les soins énergétiques et dans l'utilisation des cristaux m'accompagnait depuis mes débuts.

Je connaissais maintenant le nom de mon guide et Melchisédech continuait de se présenter lors de soins énergétiques comme dans le passé. Cependant, je requérais de plus en plus la présence de Michaël en privilégiant la transmission des messages angéliques. Mes soins se transformaient, ils n'étaient plus purement énergétiques, mais ils étaient amalgamés aux messages des anges.

Alors, j'ai vu Melchisédech s'éloigner du client et céder sa place à l'archange Michaël. Le tout s'est fait avec douceur. Les anges et les maîtres spirituels ont un rôle complémentaire, mais portent tous une vibration spécifique. Mes nouveaux champs d'intérêt se rapprochaient plus des énergies angéliques. Un changement de guide s'est donc effectué. L'archange Michaël se tenait maintenant derrière mon épaule droite et me soufflait à l'oreille les messages angéliques requis.

Depuis les dernières années, lors de soins, j'invoque toujours la présence de l'archange Michaël. Il est maintenant mon protecteur et mon guide. Il est devenu mon messager divin.

Melchisédech est encore présent, mais en retrait. Il attend ma demande lors de soins orientés plus spécifiquement vers l'énergie et les cristaux. L'archange Michaël m'accompagne maintenant continuellement et parfois je réentends la voix familière de Melchisédech qui reprend du service.

Ainsi, de grands maîtres nous accompagnent dans notre parcours terrestre. Ils se joignent à nous soit par correspondance vibratoire soit pour transmettre un message spécifique profitable à notre évolution. D'autres êtres vivant dans l'autre monde peuvent aussi nous accompagner, dont les guides spirituels.

Chapitre 17

Les guides spirituels

« Tout mortel a le sien : cet ange protecteur.
Cet invisible ami veille autour de son cœur. »

– ALPHONSE DE LAMARTINE

Il est dans l'ordre divin que nous ayons tous au moins un guide spirituel nous accompagnant sur terre. Les guides spirituels peuvent être des personnes décédées que quelqu'un a connues dans cette vie-ci ou dans une autre vie, des maîtres ou des parents défunts. Ce sont des êtres qui se sont offerts volontairement pour nous apporter leur aide. Ils ont souvent des affinités avec la personne qu'ils accompagnent et ils ont choisi de l'aider tout en demeurant de l'autre côté du voile. Ce peut être un ami d'une autre vie, un collègue, un ancien maître, un ancien associé, etc. Ces êtres nous sont généralement attribués pour une période spécifique de notre vie.

Les guides

Les guides spirituels peuvent varier au cours de notre existence. Ils se joignent à nous dans un but précis. Les guides spirituels peuvent se substituer au cours d'une vie, chacun faisant un bout de chemin avec nous selon son domaine d'expertise ou de connaissance. Par exemple, lorsqu'un individu fait des études, un guide spécialisé dans son domaine scolaire se joindra à lui pour le conseiller et l'appuyer. Ces êtres ont déjà vécu l'expérience que nous nous apprêtons à traverser. Ce sont des experts du domaine que nous expérimentons, l'ayant déjà exploré dans d'autres vies.

Presque chaque fois, des guides apparaissent à côté de la personne lors de soins. Ce sont des êtres qui lui ont été assignés afin de l'aider dans l'accomplissement de sa vie.

Ainsi, lors des soins de Juliette, un beau guide lumineux est apparu. Il portait un turban. Son teint était basané. Ses vêtements étaient d'un blanc translucide et vaporeux. Il accompagnait Juliette, car tous deux avaient exercé un travail de guérison ensemble dans une autre vie. Autrefois, ce guide avait été son enseignant et il avait choisi de venir la guider dans sa pratique thérapeutique. Il lui demandait d'accepter son aide et sa présence afin qu'ils fassent les soins ensemble. Juliette était radieuse et heureuse de cette rencontre. Elle a tout de suite accepté l'aide de son guide.

Lorsqu'un guide se présente, dans la majorité des cas, les individus ressentent une présence auprès d'eux, certains deviennent remplis de frissons, d'autres voient carrément l'être présent. Quel que soit le cas, ces présences se font rassurantes et confirment à la personne qu'elle n'est pas seule.

Parfois, aussi, j'obtiens le nom du guide. À d'autres occasions, je dois aller le chercher sur Internet pour avoir plus d'informations sur le passé de ce guide. Des fois, des renseignements sur cet être existent et, à d'autres moments, comme il n'était pas un personnage connu, je ne trouve rien à son sujet.

Lorsque je suis allée en croisière dans les Caraïbes, le navire s'est approché d'une zone d'ouragan. Pendant les deux premiers jours du voyage, des vagues et des vents violents faisaient voguer le navire en avant, en arrière et aussi de côté. Nous avions interdiction d'aller à l'extérieur, sur les ponts, car des vents d'une grande force pouvaient nous emporter hors du navire. Je me sentais dans des montagnes russes, au parc d'attractions. J'avais très peur et j'arrivais difficilement à dormir la nuit dans ce mouvement. Le deuxième soir du voyage, je me suis couchée en me demandant si cet évènement ne venait pas libérer une mémoire d'une vie passée où je serais morte noyée, car la peur d'aller en mer, principalement en bateau, m'a toujours habitée depuis ma naissance. Je me suis donc endormie avec cette pensée.

En rêve, un bel être lumineux m'est apparu. Il était habillé en capitaine de bateau, vêtu d'un uniforme bleu foncé lumineux avec du brun doré rayonnant. Je lui ai dit: «J'ai peur de la houle.» Il m'a répondu: «C'est normal qu'il y ait de la houle en bateau.» Je lui ai alors demandé: «Est-ce dangereux actuellement?» Il m'a répondu non. Il était souriant et paisible. Alors qu'il me parlait, une lumière blanche puissante entrait à ma droite par la fenêtre de notre cabine. C'était comme la lumière puissante d'un phare qui éclairait la pièce. J'ai revu des images d'une vie antérieure où, effectivement, je suis morte noyée à la suite du naufrage d'un bateau pirate.

Malgré l'aspect tragique de ces souvenirs, la présence de cet être m'a beaucoup rassurée et, le lendemain, notre bateau de croisière modifiait sa destination afin de quitter définitivement cette zone de perturbations. Le reste du voyage fut magnifique et sans houle. Ainsi, des êtres de l'autre dimension peuvent se présenter lors de soins ou de rêves afin de nous guider temporairement ou de nous rassurer.

Certaines personnes peuvent aussi être accompagnées de maîtres, de fées, d'elfes ou de proches décédés durant une partie de leur chemin de vie. Voici un exemple. Lors de soins, un guide chinois s'est manifesté à ma cliente, Carole. Il avait les cheveux tressés derrière la nuque et portait un kimono rouge écarlate. Dans une vie passée, il avait exercé différentes pratiques de soins énergétiques. Avec ses mains, il manipulait des balles d'énergie en les faisant alterner d'une main à l'autre et semblait avoir une grande connaissance de l'énergie. Je sentais fortement sa présence durant l'équilibrage des chakras avec les cristaux. Il m'accompagnait silencieusement. Sa vibration était si puissante que par sa seule présence tranquille, je ressentais une harmonisation s'installer dans le corps de Carole. Il lui procurait une nouvelle vibration selon le dessein divin.

L'autorisation

Dans le royaume divin, les êtres de l'autre dimension ont parfois besoin d'une autorisation pour devenir le guide d'un être humain. C'est un privilège qui n'est pas accordé à tous. Ne devient pas guide qui veut. La vibration du postulant-guide doit être élevée, il doit se trouver dans une énergie d'amour. Parfois, lors de soins, l'accord du client peut être requis afin que l'être se glisse dans ce rôle de conseiller spirituel.

Ainsi, j'ai déjà vécu une expérience vraiment spéciale en lien avec un guide spirituel. Plusieurs personnes décédées sont apparues à la droite d'Annick lors de soins Tianshi. Elles vibraient dans des tons de brun, mais avec une certaine luminosité. Alors, une femme est ressortie de la foule et s'est approchée d'Annick. La dame a demandé à Annick d'être son guide et lui a dit qu'elle avait l'autorisation de lui faire cette requête. Lorsque Annick a répondu oui, la femme est devenue lumineuse et d'une blancheur immaculée.

Elle s'est déplacée pour se retrouver du côté gauche de la table de massage. Elle venait de faire la transition entre être une défunte communiquant un court message d'amour et devenir une guide spirituelle pour une période déterminée. L'intensité de lumière qui a envahi cet être lui a permis de gravir une étape spirituelle afin de se rendre disponible pour guider Annick dans son cheminement.

Chapitre 18

Les personnes décédées

« Tout le monde meurt, mais personne n'est mort. »

– Proverbe tibétain

Parler avec les défunts, c'est comme changer de fréquence radio pour se connecter à eux. C'est se raccorder à une énergie humaine n'ayant plus de corps. La seule différence, c'est que nous n'avons plus le corps physique pour confirmer la présence. La médiumnité consiste à se mettre en connexion avec une vibration plus basse que celle des anges, mais supérieure à celle des vivants. Le but en médiumnité est d'établir une communication entre les deux mondes.

Lorsque nous travaillons en médiumnité avec les anges, ceux-ci nous entourent d'une énergie élevée. La nature des anges est telle qu'ils n'apportent que de bonnes nouvelles. Les défunts se présentant lors de soins Tianshi baignent dans cette énergie pure. Les messages qui sont alors livrés sont hautement vibratoires. Ce sont généralement des messages d'amour et de réconfort.

Ainsi, de leur plan de conscience, nos êtres chers décédés veulent communiquer avec nous. Ils cherchent à partager avec nous des mots d'encouragement et de soutien. Il est fréquent que des défunts se manifestent lors de soins Tianshi. C'est comme s'ils saisissaient cette occasion d'entrer en relation avec une personne importante pour eux. Or les personnes décédées nous contactent, car elles savent que nous sommes en présence d'une personne qu'elles aiment. Souvent, les individus décédés apportent de courts messages d'amour tels que « je t'aime », « je m'ennuie », « je suis désolé ». Ces phrases douces sont un baume dans notre vie quotidienne et elles sont agréables à entendre, surtout si elles viennent d'un être précieux à notre cœur.

Joindre un défunt que nous avons beaucoup aimé peut susciter de fortes émotions et de grandes libérations. Il arrive souvent qu'en présence d'un être cher, la personne en traitement se mette à pleurer de joie et d'émotion. Communiquer avec un être qui nous a quittés pour l'autre monde peut ramener la paix dans l'âme, et ce, tant pour la personne décédée que pour l'individu qui reçoit des soins.

L'affection d'un être cher

Certains défunts utilisent les moments de soins pour témoigner l'affection qu'ils portent à un proche. Lors de soins, une dame défunte s'est manifestée en apparaissant à la droite de sa fille, Jocelyne. En échangeant avec Jocelyne sur la réalité de l'autre côté du voile, la mère s'est rapprochée de sa fille. Afin de confirmer sa présence, la défunte a effleuré doucement le visage de celle-ci. Cette dernière a ressenti la caresse de sa mère décédée. Ce geste a créé une douce émotion chez Jocelyne et elle fut reconnaissante envers sa mère. Ce fut une expérience merveilleuse et inoubliable. Jocelyne a reçu une manifestation concrète de l'accompagnement de sa mère auprès d'elle. Sa mère lui a aussi confirmé qu'elle l'escorterait maintenant partout où elle irait.

Lors d'autres soins, une personne décédée a contribué aux soins de sa fille, Nathalie. Le père de Nathalie est apparu afin de discuter avec elle. En échangeant avec elle, il se dirigea à ses pieds et affirma qu'il voulait l'aider dans son processus de guérison. Il a tiré sur la jambe de Nathalie et, simultanément, j'ai vu sa jambe physique se lever d'un bond. C'était impressionnant. La jambe a réagi énergétiquement au geste de son père défunt.

Les reconnaître

Lorsque les défunts se manifestent lors d'une consultation, je les reconnais par les couleurs qu'ils arborent. Comparativement aux anges qui sont très lumineux, les personnes décédées se manifestent souvent par des couleurs plus sombres : des gris, des bruns ou des noirs clairs. Dans l'autre plan de conscience, les couleurs sont associées au rayonnement de la personne. Toutefois, certains êtres peuvent avoir une énergie plus lumineuse lorsque leur taux vibratoire est plus élevé.

À première vue, les défunts peuvent prendre une apparence plus jeune que celle qu'ils avaient à leur mort. Parfois, j'ai observé qu'ils prennent une allure jusqu'à vingt ans plus jeune qu'à leur décès, car ils sont libres de choisir l'apparence selon la période de vie de leur choix.

Même si les défunts ne viennent que durant une petite partie des soins, c'est avec ce fait précieux que l'individu repart. Le fardeau d'une vie entière peut être libéré par le message d'un proche disparu. Recevoir un message d'un être avec qui nous n'avions pas de contact depuis longtemps peut transformer notre existence.

Toutefois, se glisser dans la matière demande beaucoup d'énergie aux défunts. Alors, parfois, les êtres décédés ne se manifesteront que quelques instants pendant le traitement. Certains ne prononcent même pas un mot, ils regardent la personne incarnée avec amour et s'en retournent de l'autre côté du voile. Même ces brefs instants contribuent à susciter un sentiment de paix chez la personne incarnée.

Les apparitions

À mes yeux, les défunts apparaissent habituellement à la droite du client. Les êtres de lumière, les guides et les grands maîtres se présentent à gauche de la personne. Les anges se manifestent partout autour de la personne.

Afin d'identifier la personne défunte lorsqu'elle se matérialise d'elle-même, j'essaie d'obtenir quelques indices, soit des passe-temps, la façon dont elle est décédée, des signes particuliers. Certaines personnes décédées peuvent se faire reconnaître par des odeurs familières nous les rappelant... la célèbre sauce à spaghetti de notre grand-mère, l'odeur des fleurs, de la lessive, de la cigarette.

En Tianshi, si la personne décédée apparaît d'elle-même, je la décris au client. Je précise comment elle est habillée avec le plus de détails possible et je partage avec lui la vibration ressentie. Je peux aussi demander son nom à l'être présent et lui demander s'il a un message à transmettre à la personne lors de soins.

J'arrive souvent à identifier le type de personnalité en présence, car le défunt garde, une fois trépassé, la même personnalité qu'il avait de son vivant. Ainsi, un être timide a tendance à rester en retrait durant les soins et se place souvent aux pieds de la personne. L'être plus loquace peut jaser pendant plusieurs minutes. Toutes ces informations me servent à reconnaître l'être présent.

Une amie, Mélanie, recevait des soins Tianshi. Au cours de la séance, sa mère décédée depuis des années est venue lui parler. Je répétais textuellement ce que la défunte me disait. Je connaissais Mélanie depuis peu et sa mère était décédée quelques années auparavant. Tout d'un coup, Mélanie rétorqua : « Coudon, as-tu connu ma mère ? » Mélanie m'expliqua que j'utilisais exactement les mêmes expressions que sa mère. C'était parce que cette dernière me soufflait à l'oreille les mots dédiés à sa fille.

Demander la présence

Lors de la consultation, si la personne désire parler à un défunt, elle dit son nom à haute voix. Je décris alors ce que je vois ou ressens en lien avec la personne décédée. Ainsi, je m'assure de transmettre les indices donnés par le défunt. J'informe l'être cher que mon client veut lui parler. Je me présente et j'explique mon rôle de messager à la personne décédée. Après la communication entre les deux, je remercie la personne décédée d'être venue.

Voici une manifestation d'une personne décédée venue transmettre un message à un être cher. Lors de soins, Lyne me disait qu'elle voulait arrêter de fumer. Elle avait réussi à quelques reprises dans le passé, mais, malheureusement, elle avait toujours recommencé. Lyne demandait l'aide des anges afin de cesser de façon définitive cette fois-ci. Alors qu'elle me parlait, une dame âgée est apparue à sa droite. Elle la regardait fixement en la chicanant et en remuant son index dirigé vers elle. Elle semblait avoir du caractère et être très déterminée. Lyne a tout de suite reconnu l'une de ses grands-mères. Celle-ci avait fumé toute sa vie et ne voulait pas que Lyne continue cette mauvaise habitude plus longtemps. Lyne s'est sentie soutenue par cette mamie caractérielle.

L'expérience de Louise

Nous venions de donner le cours sur les personnes décédées lors de la formation du Tianshi 1. Le cours se déroulait un samedi après-midi et Louise avait un souper avec un groupe d'amis après la formation. Une fois installée à la table avec les convives et alors que chacun discutait allègrement, une présence est apparue derrière elle. Une jeune femme décédée, d'environ dix-huit ans, lui demandait de transmettre un message à son père, assis en face d'elle. Étant invitée dans un groupe d'amis dans lequel elle connaissait peu de gens, elle se sentait bien mal à l'aise de transmettre un message à cet homme inconnu.

Mais, la jeune femme insistait au point où Louise n'arrivait plus à entendre les conversations des convives. Voyant l'urgence de la situation, elle se risqua à demander à l'homme en face d'elle s'il avait perdu une fille voilà plusieurs années. Quelle ne fut pas sa surprise d'obtenir une réponse positive ! C'est alors que Louise lui expliqua que sa fille avait un message à lui transmettre, qu'elle était présente, ici même, et qu'elle voulait profiter de l'occasion pour lui parler.

Louise décida d'attendre de revoir cet homme seul à seul afin de transmettre le message d'amour de sa fille défunte. Il faut beaucoup de courage pour transmettre les messages demandés par les personnes décédées. Parfois, des situations particulières comme celle-ci incitent la personne à servir de canal afin de transmettre des messages importants aux personnes concernées.

Chapitre 19

Les vies antérieures

« Ne nous servons pas du passé pour regretter, mais pour nous élever. »

– Bernard Ashley

Dans le dessein divin, l'âme choisit de s'incarner sur terre afin d'accumuler des expériences. Chaque leçon de vie lui permet d'explorer différentes facettes de l'émotion. Par ses nouveaux apprentissages, de vie en vie, d'époque en époque, l'être évolue afin de recontacter le divin en lui. Les naissances successives permettent à l'individu d'acquérir le plus de connaissances sur lui-même, ce qui le mène toujours vers une plus grande sagesse.

Lorsque l'âme quitte notre corps avec des leçons de vie non terminées, l'être doit se réincarner. La réincarnation est la façon la plus rapide d'apprendre. Une fois ici, nous oublions la raison de notre venue, nous perdons le souvenir de nos vies passées. Pour l'âme, il n'y a rien de mauvais, tout est expérience.

Pourquoi nous intéresser aux vies antérieures ?

Nous avons volontairement collaboré à ce plan parfait pour notre évolution, sauf que le voile lié à l'incarnation nous empêche de nous en souvenir. Ainsi, l'accès aux vies antérieures peut devenir un moyen de percer le mystère et d'expliquer certaines limites présentes dans notre vie.

En contactant les vies antérieures, nous nous permettons de libérer des émotions et des souvenirs cristallisés dans nos cellules. En revoyant une vie antérieure, nous pouvons découvrir la source de nos peurs et de nos limitations.

Certains comportements ou émotions vécues dans une autre vie ont encore des répercussions sur notre vie actuelle. Contacter les vies antérieures est un moyen de nous rappeler nos expériences passées. Souvent, les peurs et les doutes que nous traînons viennent de ces vies. Lorsque nous portons en nous ces mémoires inconscientes, celles-ci peuvent causer des malaises et des inconforts ou nous limiter dans la réalisation de notre plein potentiel.

En comprenant d'où vient le sentiment ou la peur inexpliquée que nous subissons, nous nous en libérons. Par la suite, nous nous sentons allégés d'un fardeau inutile. Lorsque la mémoire est portée à la conscience, elle perd tout pouvoir sur nous. Il est alors possible de nous affranchir de cette sensation.

Ma première vision d'une autre vie

C'est en pratiquant l'hypnothérapie avec une étudiante du groupe que j'ai eu accès à une vie antérieure pour la première fois. Après que ma collègue m'eut amenée dans un état de relaxation profonde, des images de l'Égypte antique sont montées à ma conscience. Je me voyais clairement vivre dans un palais de pierres dorées. Je portais des vêtements de lin ivoire ornés de bijoux dorés. Je ressentais l'émotion de mon âme à cette époque, le calme et l'opulence.

À ce moment, je me suis vue me déplacer dans le palais. À mes appartements, une coupe de vin m'attendait. Celle-ci était empoisonnée. Le sachant très bien, j'ai paisiblement bu le liquide. C'était une manière douce de m'inciter à mettre fin à mes jours. J'ai quitté ce plan de conscience alors que je n'avais pas encore atteint trente ans. À cette époque, j'ai dû quitter ce monde avec le sentiment de ne pas avoir accompli mon plan de vie. Dans sa grande sagesse, la vie me redonne maintenant la chance de me reprendre.

Les images

L'accès aux vies antérieures nous permet d'explorer les mémoires cellulaires accumulées depuis le début de l'incarnation de l'âme jusqu'à maintenant. Ces informations peuvent nous venir d'images ou de films défilant devant notre esprit. Lorsqu'une image est figée comme une photographie, il suffit d'y entrer (par la pensée) pour qu'elle se mette en mouvement et se transforme en film.

Les décors, vêtements et scènes nous procurent des informations sur l'époque, le lieu et parfois le statut social de l'individu. Lorsque nous communiquons automatiquement ce que nous voyons ou ressentons, le film se met en mouvement et nous permet ainsi d'obtenir encore plus d'informations sur la période en question.

Si les détails vous entourant ne sont pas assez précis, comme lorsque l'on se retrouve dans la nature ou dans une plaine, alors vous pouvez demander aux anges de vous dire exactement à quelle époque vous vous trouvez. Ils sont souvent très précis et vous donneront une année ou un lieu exact.

Voici l'expérience de Caroline en regard des vies antérieures. Caroline avait un emploi stable et se dirigeait vers sa retraite. Lorsque nous abordions le sujet avec elle, elle disait : « Je vais m'ennuyer si je pars à la retraite. » Curieuse de savoir ce qui engendrait cette émotion, je lui ai proposé d'aller voir, lors de soins Tianshi, d'où venait ce sentiment.

La scène s'est profilée rapidement. L'image d'une femme vêtue d'une grande robe de velours bleu, à l'époque du Moyen-Âge, est apparue. C'était Caroline brodant dans la tour du château. Par moments, elle regardait au loin par la fenêtre et retournait à sa broderie. Son père, le roi, l'avait enfermée dans cette tour et sa seule occupation était de faire de la dentelle. Caroline avait donc vécu une vie entière à broder et à s'ennuyer.

Par la suite, une seconde image s'est détaillée. Caroline se balançait sur une « chaise berçante » en bois. Elle était sur un grand balcon d'une maison en bois rond datant de la colonisation. Sa demeure était éloignée de la ville. Elle avait l'air d'avoir une soixantaine d'années et semblait à nouveau être envahie par l'ennui.

J'expliquai à Caroline qu'en ayant vécu deux vies entières à s'ennuyer, elle portait encore en elle les mémoires de ces époques.

Quelques semaines plus tard, je revis Caroline. La crainte de prendre sa retraite s'était enfuie. Le fait d'avoir apporté à la conscience ces évènements passés avait libéré les souvenirs enfouis en elle.

La libération des mémoires

Le but du Tianshi est de permettre aux mémoires ou aux tensions émotionnelles que nous portons de quitter notre corps et de les remplacer par une paix d'esprit. Lorsqu'une émotion se présente lors de soins, il suffit de laisser cette empreinte énergétique quitter doucement les corps de la personne. Ce processus se fait généralement en douceur, sans affrontement et sans besoin de se connecter à la souffrance vécue. Si une émotion remonte à la surface d'elle-même, nous demandons à la personne de la laisser sortir et aux anges de l'en libérer à tout jamais.

Parfois, il est pertinent de contacter la source de nos limitations afin de libérer tout souvenir de notre mémoire cellulaire. Dans ce cas, les anges nous donnent accès à l'évènement oublié dans le but de dissoudre les comportements ou les peurs associés. À tout coup, ce sont les anges qui décident du processus le plus profitable à l'individu.

Le Moyen-Âge

Certaines vies vécues au Moyen-Âge ou à l'époque de l'Inquisition ont encore des répercussions dans nos vies. En contactant ces visions passées, nous en devenons conscients et nous allégeons ces souvenirs. Tout en sachant que cette époque est révolue et chose du passé. Une sécurité et une paix se glissent en nous.

Ainsi, un homme que j'ai rencontré portait encore en lui les conséquences énergétiques d'une vie antérieure. Robert est venu me voir, car il vivait un mal-être dans sa vie courante. Les anges nous ont immédiatement transportés dans une vie antérieure. Il avait été chevalier, au Moyen-Âge, et au service du roi. Son rôle consistait à protéger son peuple. Il avait un cœur noble et pur.

Cependant, un jour, en temps de guerre, le roi ordonna de détruire un village ennemi en entier. Il s'est senti décontenancé dans son rôle de protection. Lui qui voulait protéger les plus faibles, il devait décimer tout un village. Il portait encore en lui cette blessure. Les anges lui ont expliqué qu'à cette époque, il n'avait pas le choix. Il était au service du roi et il devait exécuter les ordres. Les anges lui ont reflété qu'il possédait un cœur pur et noble et qu'il ne devait plus s'en vouloir d'avoir commis cet acte dans cette vie passée. Il est reparti soulagé.

Quelques jours plus tard, sa conjointe nous a téléphoné en nous demandant ce que nous lui avions fait. Il était de meilleure humeur et plus serviable depuis notre rencontre. Les anges avaient mis en perspective ses forces et ses belles valeurs intérieures et dégagé les mémoires passées.

L'intention des soins Tianshi est de libérer les mémoires accumulées dans les cellules et de reprendre contact avec la paix intérieure. Les anges gardiens, les archanges, les grands maîtres et les êtres de lumière ont pour mission de transmettre des informations pertinentes afin d'amener les individus à comprendre ce qui freine leur épanouissement. Ces êtres divins ravivent la paix de l'âme et sèment l'espoir. En travaillant de concert avec ces êtres merveilleux, les soins Tianshi prennent tout leur sens, car les anges guident nos gestes et nos paroles afin d'offrir de merveilleuses libérations.

Afin de vous aider dans le processus de libération des mémoires passées, voici une courte visualisation permettant de libérer les vies antérieures.

> Une immense boule multicolore s'installe au centre de la pièce. Elle brille de mille feux. Elle se présente à vous afin que vous puissiez vous connecter à 100 % à votre essence divine. Un cadeau du ciel, un don divin.
>
> Les mémoires de vies passées sont accumulées dans cette boule, beaucoup de mémoires de l'Inquisition, des événements où vous avez peut-être été perçu comme une sorcière ou un sorcier. Il fut un temps où c'était ainsi. Maintenant, visualisez cette énergie, cette boule qui se sépare en plusieurs petites boules et voyez que l'une d'elles se déplace au-dessus de votre tête.

Cette boule multicolore contient les mémoires des vies passées. Nous ferons passer cette boule à travers tout votre corps en partant de votre chakra couronne pour ressortir par vos pieds. En passant en vous, elle nettoiera vraiment et rapportera tout ce qui aurait pu rester de mémoire dans votre corps.

Visualisez cette boule qui descend tranquillement dans votre tête. Elle attire à elle toute mémoire inutile et passée. Elle se glisse dans votre thorax. Elle vide vos bras, votre torse, elle se dirige vers votre ventre. À mesure qu'elle progresse, il ne reste que lumière, que brillance. Elle descend dans vos jambes. Maintenant, tout votre corps est lumière.

Voyez maintenant cette boule continuer sa descente au centre de la Terre pour exploser dans le feu et faire disparaître à tout jamais ces mémoires. À partir de maintenant, vous ne portez plus ces mémoires. Elles sont passées par vous, mais elles ne sont plus en vous. Dans le feu de la Terre, elles sont régénérées pour servir en bien l'humanité.

De plus, votre corps nettoyé ainsi libère la place pour les énergies lumineuses et brillantes. Vous êtes nettoyé de ces énergies maintenant et à jamais.

Vous portez désormais en vous la paix et l'amour. Les anges sont présents auprès de vous. Ils tournoient autour de vous avec des trompettes. Ils disent : « Gloire à Dieu qui est aux cieux. Soyez bénis. »

Restez quelques instants dans cette sensation de bien-être et de quiétude.

Chapitre 20

La force du pardon

« Le pardon n'est pas au bout du chemin, il est le chemin. »

~Françoise Chandernagor

Le pardon est l'une des plus puissantes forces au monde. Le pardon est une libération pour soi et pour l'autre. Lorsque l'on conserve de la rancœur ou des intentions négatives, il se crée des liens énergétiques invisibles entre deux personnes. Ces attaches drainent simultanément nos énergies. Lorsque nous acceptons de pardonner, de faire la paix dans notre âme, les liens se coupent. Ainsi, nous nous affranchissons et nous libérons l'autre.

En œuvrant avec les énergies angéliques, il est possible de pacifier toute relation ou tout évènement. Par leur énergie divine, les anges peuvent nous accompagner dans notre cheminement afin d'installer graduellement une quiétude durable.

Les liens éthériques

Un lien éthérique indésirable est une connexion malsaine ou un déséquilibre unissant deux personnes. Dès qu'un individu ressent un sentiment de jalousie ou du mécontentement, un lien s'installe. Si quelqu'un parle de nous négativement, alors un lien se connecte à nous. Si quelqu'un est déçu de nous, alors une attache se fixe. Parfois, ce sont aussi des liens de peur ou de dépendance qui grugent nos énergies. Or tous les liens indésirables ou cordons attachés à nous provoquent un déséquilibre dans notre champ vibratoire.

L'attachement

Parfois, nous pouvons être attachés à des objets. Si notre véhicule est à vendre et que nous avons peur de ne pas obtenir un prix juste, un lien se crée avec notre véhicule, ce qui nuit à la vente. Tout objet matériel, maison, bateau, mobilier, peut être uni à nous par des liens indésirables.

Nous pouvons aussi créer des liens avec nos animaux de compagnie ou tout autre animal. Toutefois, les liens les plus forts sont ceux tissés avec les membres de notre famille et les personnes avec qui nous avons des relations intimes. Nous sommes venus nettoyer les attachements pour nous réapproprier notre énergie. Souvent, le fait de briser les liens indésirables provoque une modification de la dynamique de cette relation.

Lorsqu'un conflit non résolu perdure entre un défunt et un membre de sa famille, un lien indésirable s'installe entre eux. Celui-ci empêche les deux êtres d'atteindre une paix intérieure. Le fait d'éliminer ces ancrages nuisibles entre eux apaise la personne incarnée et libère le défunt.

Ainsi, lorsque se présentent des circonstances difficiles dans notre vie, il faut regarder si nous avons un lien d'attachement avec la personne ou l'évènement. Il faut s'activer à rompre cette servitude. Il faut couper ce lien malsain. Puisque cet attachement abaisse notre énergie et nous « ancre » avec la personne ou l'objet en question, il faut donc nous débarrasser de ce nœud énergétique. Si une situation est non résolue entre deux personnes, le lien indésirable empêche la guérison de la relation.

Lorsque l'on coupe un lien indésirable présent entre deux personnes, une tristesse peut être ressentie. Souvent, cet attachement peut être logé en nous depuis une longue période. Une forme d'habitude s'est souvent installée entre les deux personnes liées par cette énergie. Cette coupure peut entraîner un certain deuil et même des pleurs. Parfois, un lien, même s'il est malsain, demeure tout de même une connexion à la personne concernée.

Les liens éthériques m'apparaissent en voyance comme de gros troncs d'arbres dans le dos de la personne. On peut voir pareillement de gros cordons solidement liés à la personne. Ils sont souvent logés dans les chakras, principalement la gorge, le cœur et le plexus solaire. Avec les années, les petits troncs grossissent et deviennent d'immenses masses invisibles accrochées derrière la personne. Des douleurs dorsales accompagnent généralement la présence de liens indésirables. À la suite du bris d'un lien, un soulagement s'ensuit immédiatement.

Les liens d'amour

En coupant les liens éthériques, seuls ceux qui sont malsains seront délogés. Les liens d'amour entre deux personnes ne peuvent se couper, ils demeurent à jamais. Ce sont des liens de lumière, donc ils sont éternels. On ne peut faire d'erreur en rompant les attaches, seuls les liens éthériques indésirables partiront.

Couper les liens indésirables

Pour couper les liens indésirables, je demande l'appui de l'archange Michaël. Je lui demande d'utiliser son épée de lumière et de trancher les troncs présents dans le dos de l'individu. Il coupe tous les liens, gros ou petits. Par la suite, je demande à Raphaël de déposer une pommade vert émeraude sur les plaies afin de guérir la blessure.

Voici l'expérience d'Hélène. Hélène est venue me voir, car elle voulait se libérer d'un lien émotif avec un partenaire d'affaires. Elle sentait qu'une partie d'elle avait encore des attaches malsaines avec cet associé. Hélène adorait cet homme, mais elle sentait un poids, un inconfort entre eux. Voulant faire le tout en douceur et sans affrontement direct avec lui, nous avons convenu de vérifier si des liens éthériques indésirables les liaient. En regardant son dos, un immense lien joignait son bassin. Nous avons demandé à l'archange Michaël de couper ce lien, ce qu'il a fait. Après cette rupture du lien énergétique, Hélène s'est mise à pleurer. Malgré son désir de rompre tout lien négatif avec son associé, une tristesse s'empara d'elle. Elle vouait une grande affection à son collègue, et se défaire d'un lien avec lui, même négatif, représentait la fin d'une dépendance, un changement dans leur relation.

La méthode Ho'oponopono

Lorsqu'un client vit de grandes libérations ou que les liens présents sont importants, je lui suggère de continuer le processus de libération. Une autre façon de se libérer les liens indésirables est d'utiliser la méthode Ho'oponopono. Tirée de la sagesse hawaïenne, cette philosophie suggère que nous avons la responsabilité totale de tout ce qui se trouve dans notre vie. Simplement parce que c'est dans notre vie, c'est notre responsabilité de le « nettoyer ». Alors, lorsque vous constatez en vous un inconfort par rapport à une personne, à un lieu, à un évènement ou à une chose, dites : « Je t'aime. Je suis désolé. Pardonne-moi, s'il te plaît. Merci. »

Ces phrases sont comme des mantras, des mots puissants capables de nettoyer les liens indésirables restant dans l'invisible. Je les fais répéter plusieurs fois par jour en nommant la personne avec qui le conflit persiste. Si plusieurs individus sont impliqués, je demande de les nommer tous, chacun leur tour.

Ainsi, une dame, Gisèle, est venue me rencontrer, car elle vivait des conflits répétitifs avec plusieurs de ses voisins. En vérifiant dans l'énergie, j'ai constaté qu'elle possédait de gros troncs dans le dos, soudés là depuis longtemps. Les anges ont coupé les liens d'attachement par l'intermédiaire de Michaël. Afin d'éviter que les cordons ne se reforment, je lui ai conseillé d'utiliser les phrases de la méthode Ho'oponopono afin de continuer le processus de libération et de pacifier la situation.

En récitant ces phrases, nous nous pardonnons autant à nous-mêmes qu'à l'autre. C'est un mécanisme de nettoyage important et purificateur.

Pardonner, c'est guérir nos blessures passées.

QUATRIÈME PARTIE

Le pouvoir des anges

Message de Merlin

« Il fut un temps, jadis, où la magie régnait en reine. Chacun profitait de ses bienfaits et vivait heureux et paisible. Mais ces temps bénis n'ont pu survivre à l'évolution du temps. Ces temps sont maintenant révolus. Les conquêtes et les guerres ont aplani la magie. Celle-ci fut relayée au passé.

Toutefois, maintenant, une lueur d'espoir semble poindre de l'obscurité. Cette magie renaîtra et grandira. Quand je dis magie, je ne parle pas de sorcellerie, mais du côté féérique des choses.

Cette lueur d'espoir grandit, les gens reviennent à l'essentiel et au vrai sens des choses. Voilà la raison de notre venue, cette vibration nouvelle apportera une lueur magique à cette terre. Je sais que ce discours ne semble pas clair, mais il le sera. »

Bien à vous,

Merlin

Chapitre 21

La magie des anges

> « Les anges ne suivent pas toujours les règles habituelles.
> Il leur arrive d'en inventer de meilleures. »
>
> – Karen Goldman

Retournons un peu en arrière dans le temps. Lorsque j'ai donné la formation en Tianshi pour la première fois, je me suis fait réveiller durant la nuit, plus précisément à trois heures du matin, par une voix. Celle-ci m'énonçait des notions à ajouter à mon cours de Tianshi du lendemain matin. La voix parlait sans arrêt et je savais que je n'arriverais pas à retenir toutes ces informations sans les noter. Je me suis donc levée et je suis descendue au salon pour écrire les demandes de cette voix.

J'ai commencé à écrire et lorsque je me suis retournée, une dizaine de grands maîtres lumineux et d'une blancheur immaculée étaient dans mon salon et me donnaient leurs recommandations pour le cours. Ils disaient : « Dans ton premier cours, tu n'as parlé que des anges et il faut aussi parler des grands maîtres. » Je leur ai dit que j'inclurais les grands maîtres dans le troisième cours. Je les ai informés que j'avais déjà imprimé et préparé tous les documents pour le cours du lendemain. Mais ils ont insisté. Ils m'ont dit : « Il n'en est pas question, ce doit être la matière du deuxième cours. »

Le lendemain matin, à la demande des grands maîtres, j'ai avisé les étudiants du changement de matière. Le samedi matin, j'ai donc enseigné la matière sur les grands maîtres, en condensé, et les notions prévues. J'ai remis la documentation aux étudiants sur les grands maîtres au cours suivant. J'ai accompli leur volonté et ils ne m'ont pas fait modifier le contenu d'autres cours depuis.

Lorsque les êtres de lumière ou les grands maîtres font des demandes spécifiques, il y a toujours une raison. Mon rôle est de les écouter, même si, rationnellement, je ne comprends pas toujours la justification.

Le triangle de Métatron

Deux jours plus tard, une voix m'a demandé de m'installer à l'ordinateur afin de dessiner un symbole. J'ai fait, du mieux que je le pouvais, un diagramme. Il représente ce qui se passe énergétiquement lors de soins Tianshi. Quelques jours plus tard, j'ai demandé qui m'avait fait dessiner ce diagramme et l'on m'a répondu Métatron. Je suis allée lire sur lui et j'ai découvert qu'il était l'ange de la géométrie sacrée. Je n'en savais rien auparavant.

LE TRIANGLE DE MÉTATRON

Ce qui se passe lors d'un soin Tianshi

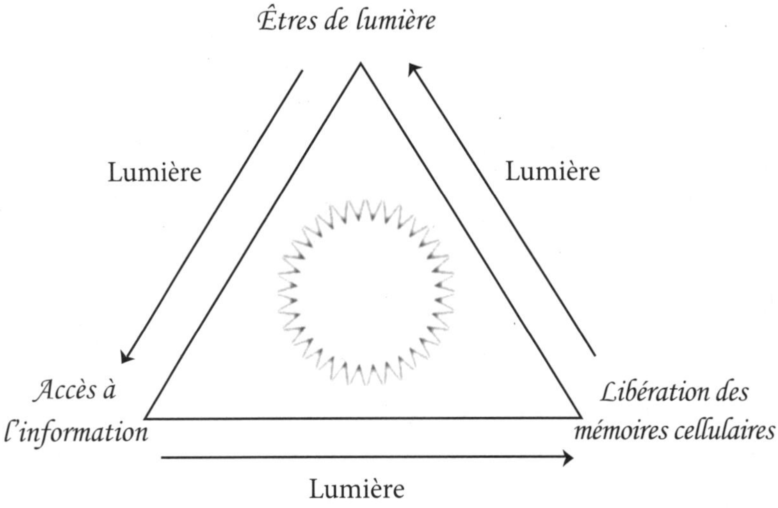

Le centre est composé d'une sphère de cristal claire

Ce diagramme illustre comment la lumière ou l'information circule lors de soins Tianshi. L'information est véhiculée par la lumière. La lumière descend de la pointe supérieure du triangle en partant des êtres de lumière (anges, guides, maîtres ascensionnés). Elle permet ainsi au praticien d'accéder à toute l'information pertinente pour le client.

Cette information partira de la pointe gauche et se dirigera dans les mémoires cellulaires. Une libération des mémoires s'ensuivra. Lorsque les informations sont portées à la conscience, une libération instantanée des mémoires cellulaires se produit par la lumière. Les mémoires cellulaires étant libérées, l'individu se rapproche de son état initial : un être de lumière.

C'est un processus de transmutation cellulaire qui nous permet de retourner à notre vraie nature, à notre essence divine.

Nous sommes des êtres de lumière incarnés dans un corps de matière.

Les trois buts des soins Tianshi

Les soins Tianshi sont constitués d'éléments essentiels les caractérisant. Tous ces ingrédients sont indispensables et font partie intrinsèque de ce que sont les soins Tianshi. Ils ne peuvent être dissociés.

À la suite de l'analyse de ce schéma, les grands maîtres ont mis en perspective les trois objectifs du Tianshi :

1. Demander la présence des êtres de lumière afin de guider nos gestes et nos paroles ;
2. Recevoir et transmettre de l'information venant de ces grands êtres ;
3. Libérer les mémoires accumulées dans nos cellules grâce à leur guidance.

Autrefois, les gens tentaient de s'élever afin d'atteindre le divin. Maintenant, en Tianshi, c'est le divin qui vient à nous.

Les maîtres et les anges veulent que leur dimension descende sur ce monde afin qu'ils puissent vivre parmi nous. Ils veulent nous accompagner dans notre vie de tous les jours. Il n'y a plus à vouloir quitter ce monde pour contacter le divin, mais simplement à l'accueillir dans nos vies car les êtres célestes désirent s'unir à nous en s'intégrant à notre dimension terrestre.

Je vous propose cet exercice de visualisation permettant d'accueillir cette nouvelle énergie de lumière en vous.

Une nouvelle énergie de paix s'installe en ce moment. Une nouvelle vibration descend sur notre monde. Visualisez une immense boule de lumière blanche, cristalline et scintillante, s'installer au centre de la pièce. Cette sphère brille de mille feux. Elle irradie de ses rayons dans toutes les directions.

Cette sphère explose et se divise en plusieurs petites boules et une boule se place au-dessus de votre tête. Elle descend par la suite par le chakra de la couronne et propage sa lumière blanche à l'intérieur de votre corps. Votre être se remplit de cette luminosité blanche et chatoyante. Vous rayonnez comme un soleil. Tout votre corps est illuminé de cette lumière blanche. Ressentez cette lumière dans toutes les cellules de votre corps.

La boule de cristal se dirige maintenant sur le cœur. Un magnifique rayon blanc cristallin se répand de votre cœur en direction chaque personne. Chacun de ses rayons lumineux s'étend de votre cœur au cœur de chaque personne qui vous entoure. Les rayons s'entrecroisent et emplissent la pièce d'une lumière blanche.

Afin d'intégrer cette nouvelle énergie dans la matière, levez les bras vers le ciel, ressentez votre connexion avec le divin. Mettez vos bras en croix, mains sur les épaules, afin d'ancrer la lumière dans votre corps physique. Par la suite, placez vos mains sur vos hanches et ressentez cette nouvelle énergie.

Vous portez désormais cette nouvelle vibration. Cette énergie doit maintenant être distribuée partout autour de vous. Maintenant, chaque personne que vous croiserez et chaque personne que vous toucherez portera cette nouvelle vibration de paix et d'amour.

Chapitre 22

La guérison par les anges

« Ô homme, tu as en toi le ciel et la terre,
fais de ce monde un ciel sur la terre ! »

– Sainte Hildegarde de Bingen

Le plus grand pouvoir des anges est de transformer les gens et les situations, c'est-à-dire de guérir et de pacifier toute chose. En parlant de guérison, je repense souvent à cette information m'ayant été donnée en rêve lors de mon adolescence : « L'amour est plus fort que tout. » Ces simples mots, incompris dans mon jeune âge, prennent tout leur sens aujourd'hui. L'amour est la force guérisseuse la plus puissante au monde. L'amour guérit tout.

Les anges sont des êtres de pur amour. Ils manifestent donc une énergie aimante et purificatrice capable d'apporter une guérison sur différents plans. Comme ce sont les êtres les plus près du divin, ils ont une multitude de manières d'agir afin de guérir, de soulager et de réconforter.

Ils sont des chefs d'orchestre incroyables. Ce sont eux qui décident du processus curatif et de la manière dont il doit se réaliser. Lorsque je suis sous guidance angélique, ces êtres célestes m'informent et me donnent les outils afin qu'à travers moi, leur volonté se réalise.

Le pouvoir de guérison de ces êtres célestes est illimité. Notre rôle est de remettre entre leurs mains l'issue des soins et de leur offrir notre confiance totale.

Voici quelques types de guérisons réalisées par ces êtres ailés.

Guérison émotionnelle

La guérison émotionnelle permet de déloger les émotions emmagasinées dans nos mémoires cellulaires. Chaque fois que nous vivons des émotions intenses, notre corps émotionnel met en réserve les expériences vécues. Ces émotions s'accumulent au fil du temps et laissent des traces dans notre énergie. Ce cumul d'émotions ralentit notre évolution et brime notre plein épanouissement. Voici un exemple de guérison émotionnelle réalisée par les anges. Une amie, Sophie, vivait une inquiétude chaque fois que son mari quittait la maison. Elle craignait de ne plus le revoir. Ce tourment était devenu viscéral. Pourtant, chaque soir, après sa journée de travail, il revenait à la maison. En allant visiter les vies antérieures, les anges nous ont permis de constater la cause de son tourment. Son conjoint était au service du roi à l'époque des croisades. Il faisait partie des nobles de la cour. Accompagné de chevaliers, il avait quitté le village pour conquérir d'autres contrées. Dans cette autre vie, Sophie l'avait attendu des années dans l'espoir de le revoir, mais il n'était jamais revenu. Il était mort au champ de bataille.

Après avoir contacté ces mémoires, Sophie cessa de s'inquiéter du retour de son conjoint. Elle avait compris la provenance de son émotion, auparavant inexplicable.

Avec l'aide des anges, en recontactant les émotions accumulées dans nos cellules et en leur permettant de quitter notre corps, une légèreté s'installe. Par ce processus angélique, les anges nous offrent l'occasion de libérer les émotions emmagasinées en nous afin de devenir plus libres.

Guérison énergétique

Le corps énergétique est un manteau subtil entourant notre corps physique. Les émotions, pensées ou sentiments se logent généralement dans ce corps avant d'atteindre la dimension physique. Si les émotions vécues restent en suspens dans ce véhicule, il se crée alors des nœuds ou des « débalancements » dans l'enveloppe énergétique de l'individu. Lorsque ces blocages se cristallisent dans notre corps énergétique, ils descendent et se logent dans notre corps physique. Plusieurs problèmes de santé peuvent en découler.

En rétablissant l'équilibre énergétique global, une guérison et un bien-être s'installent. Plusieurs moyens permettent d'harmoniser les corps énergétiques, dont l'utilisation des cristaux, la polarité et bien d'autres techniques. En travaillant de concert avec les anges, des façons de rétablir l'équilibre, inconnues auparavant, peuvent aussi se présenter.

Guérison physique

Notre corps physique est notre véhicule terrestre. Ce corps demeure le plus dense de tous nos corps. La guérison physique implique la disparition des douleurs, symptômes ou malaises ressentis dans notre enveloppe charnelle. Les anges ont la capacité de manifester ces transformations dans notre enveloppe physique. Ils créent des modifications sur le plan moléculaire changeant l'état initial de l'être. Certains symptômes et malaises disparaissent miraculeusement grâce au travail des anges.

Guérison relationnelle

Parfois, certaines personnes reçoivent des soins Tianshi afin de guérir des relations conflictuelles ou difficiles. Les anges, en tant que guides, apportent le meilleur dénouement possible afin de pacifier toute relation. Le but des anges est de ramener la paix et l'harmonie entre tous les individus. Ces êtres célestes créent un environnement favorable afin de nous pardonner nos actions passées et d'offrir aussi ce pardon aux autres.

Guérison spirituelle

La guérison spirituelle est un processus de transformation associé à l'âme de l'individu. Elle représente une transformation réalisée avec les êtres de l'autre dimension en lien avec notre moi divin. La dimension humaine est mise de côté pour permettre au divin en nous de se manifester. Les anges peuvent contribuer à une telle guérison. Que ce soit à travers nous ou en travaillant à nos côtés, ces êtres célestes obtiennent des résultats étonnants et magiques. De belles métamorphoses intérieures se produisent alors. Une symbiose se crée entre nous et notre âme, cette partie en nous éternellement en paix.

Voir à travers le corps

Cette capacité me permet de visualiser le processus de guérison en train de s'effectuer chez les individus. Plusieurs étudiants en Tianshi développent aussi cette faculté.

Ainsi, lorsque j'offre des soins, je vois et je sens le taux vibratoire de la personne augmenter. Je peux voir les organes remplis d'une couleur noire lorsqu'ils sont malades et constater une énergie lumineuse blanche passer à travers la personne lorsque la guérison s'installe.

De plus, j'ai fréquemment accès au canal de lumière de la personne, c'est-à-dire la lumière partant du haut de sa tête et descendant le long de sa colonne vertébrale. Je perçois généralement le canal de lumière, sa dimension et sa brillance. Plus la personne a la capacité de capter la lumière divine, plus son canal sera grand.

Des rencontres hors du commun

Voici une rencontre où ma vision m'a confirmé l'impact de la transformation cellulaire. Diane est venue me voir pour des traitements. Elle me confia qu'elle avait eu plusieurs récidives de cancer du foie. Afin de se soigner, en plus des soins en médecine traditionnelle, elle utilisait une visualisation suggérant de parler à ses cellules. Chaque soir, elle mettait en fonction son MP3 et relançait la visualisation. Après des mois de pratique assidue, les cellules cancéreuses avaient cessé leur progression. Son état s'était stabilisé.

En regardant à l'intérieur de son foie, je vis des cellules en *bonhommes sourires* sautiller de joie. Ses cellules s'activaient et bondissaient. En partageant ma vision avec elle, elle fut surprise, car, effectivement, c'était exactement avec des *bonhommes sourires* qu'elle visualisait ses cellules. Je pouvais ainsi lui confirmer l'efficacité de sa méthode et lui suggérer de continuer. La technique de visualisation donnait de bons résultats.

Toutefois, cette capacité de voir à l'intérieur du corps m'a aussi permis de suivre l'effet d'un traitement médical chez ma cliente. Ainsi, Jocelyne suivait un protocole de chimiothérapie lors de notre premier entretien. Elle recevait des traitements au rythme d'une fois par mois afin de contrer une maladie cancéreuse.

Notre rencontre se faisait toujours à la suite de son injection de chimiothérapie. Les anges et moi rééquilibrions ses corps énergétiques afin d'aider le processus de guérison. Jocelyne était en paix avec son traitement médical. Elle ne se battait pas contre la maladie, mais imaginait le médicament guérir son corps tout en douceur.

La première fois, lorsque je regardai à travers son corps physique, je vis un liquide vert émeraude circuler dans ses veines. Il coulait doucement et sans heurt. Il semblait se glisser doucement dans son corps sans problèmes.

La fois suivante, une lumière blanche coulait dans son énergie. Au passage de cette lumière, une croûte noire se détachait et repartait en circulation dans son sang pour être éliminée. Je lui expliquai que son corps tentait de se défaire de la maladie et qu'il serait possible qu'elle l'élimine par ses urines ou ses selles. En finissant les soins, elle remarqua qu'elle commençait à transpirer. Son corps avait choisi ce moyen pour se défaire de ses déchets. Jocelyne m'affirma ne plus avoir de sudation depuis des années.

Ainsi, la guérison est un processus de transformation angélique. Les anges nous délestent des émotions, tensions, douleurs ou inquiétudes présentes en nous. Le tout se produit en douceur et sans affrontement. Les anges ont cette capacité de transformer les gens, les situations et tout évènement doucement et sans heurt. Lorsque l'on remet les situations entre les mains des anges, c'est étonnant de constater à quel point tout se règle harmonieusement et facilement.

Chapitre 23

La transformation

« Oublie que tu existes. Rappelle-toi que tu es. »

– Eugène Ionesco

L'enseignement du Tianshi m'a énormément transformée. Vivre presque continuellement dans cette énergie m'a beaucoup appris. Aujourd'hui, je ne cherche plus de réponses à mes questions et je ne ressens plus le besoin d'acquérir de nouvelles connaissances intellectuelles. Lorsqu'une question se présente en moi, je la pose directement aux anges et ils me répondent automatiquement. Je suis maintenant en communication directe avec eux et j'ai le plaisir de les avoir continuellement auprès de moi.

Le travail infirmier

Dernièrement, mon travail comme infirmière commençait à me peser de plus en plus. Je me promenais entre deux vies, ma vie de directrice d'une école de soins énergétiques et mon travail infirmier. Chaque fois que je quittais ma passion pour retourner dans le milieu infirmier, je ressentais une baisse d'énergie. Me trouver dans un lieu ne suscitant plus autant de passion en moi drainait mon moral.

Mais, je n'étais pas prête à mettre fin à 25 années de pratique et à renoncer à un fonds de pension et à une retraite prochaine. Entretemps, l'école de Tianshi grandissait constamment.

Afin de répondre aux nouveaux besoins de notre institution, j'ai aménagé notre maison d'enseignement dans un petit local commercial, à Laval. Celui-ci nous permettait d'offrir des cours selon un horaire plus vaste et nous y recevions un plus grand nombre d'étudiants. Simultanément, nous allions offrir des formations dans plusieurs villes du Québec. Nous étions en expansion.

Le déménagement

Un vendredi matin, après mon déjeuner, une voix me dit à l'oreille : « L'école déménage. » Ayant appris à écouter les demandes m'étant adressées, je me mis à la recherche d'un nouveau local commercial. En deux jours seulement, j'avais trouvé un nouvel espace trois fois plus grand que le précédent. Dès que j'ai mis le pied dans ce local, j'ai su que c'était le bon. Il portait déjà une vibration élevée.

Le local fut aménagé rapidement. Une fois dans ce nouvel espace, la voix me parla à nouveau. Elle me dit au sujet de mon travail infirmier : « Laisse tout. » Je ne voulais pas, j'en étais à quelques années de ma retraite. Je lui ai demandé de me laisser un délai. J'ai sollicité les anges afin qu'ils m'offrent une prolongation jusqu'à Noël.

Parallèlement, je suis allée quémander une année sans solde à mon employeur hospitalier afin de me permettre d'évaluer l'évolution de l'école, ce qui me fut accordé.

L'école comptait maintenant trois niveaux sur l'approche Tianshi. Un quatrième était en préparation. En peu de temps, l'horaire d'utilisation du local s'avéra comprimé avec toutes les formations additionnelles. On me dit de louer un local adjacent. J'étais très hésitante, car ajouter les frais d'un deuxième local commercial m'insécurisait. Mais, comme c'était la demande des anges, j'ai acquiescé. J'ai toutefois conclu une entente avec les anges. J'acceptais de suivre leurs recommandations à condition de n'avoir aucun souci financier.

Ayant travaillé tout l'été sur la programmation de l'école et le rajeunissement de notre site Internet, des vacances s'annonçaient profitables. Je partis donc en voyage de ressourcement d'une semaine avec France Gauthier, journaliste et éclaireuse.

Tout le long de ce voyage, je vibrais dans la cinquième dimension. Je créais, programmais et « vibrais » tous mes désirs. Un pur bonheur. Je fis des rencontres merveilleuses avec des gens de cœur. Je vivais dans une dimension supérieure.

De retour chez moi, je repris mon emploi d'infirmière et le contraste fut frappant. Mon énergie diminuait. Je déprimais. Je sentais que je n'étais pas à la bonne place et que ma mission de vie se situait plutôt dans le développement de mon école. Moi qui résistais tant à la demande des anges de « laisser tout », j'allais enfin céder.

Le jeudi matin de cette même semaine, je remis ma démission et terminai ma pratique infirmière. Je n'avais plus peur.

À partir de ce moment, un monde s'ouvrait à moi. Je me sentis libre de me lancer à la découverte de ma passion. Un éditeur se présenta pour publier mon livre. On m'offrit aussi d'aller présenter le Tianshi chez nos cousins français.

Ayant accepté de jouer mon rôle et d'écouter les messages des anges, alors des cadeaux imprévus apparaissaient miraculeusement.

Ce fut ainsi à partir du moment où j'ai commencé à écouter les messages des anges. Leurs voix, auprès de moi, ont transformé ma vie. Jamais je ne me suis sentie seule depuis ce moment. J'ai la certitude que je serai toujours informée des évènements importants dans ma vie, les anges seront toujours avec moi. Cet accompagnement engendre une paix en moi et une confiance en la vie. Je sais maintenant que chaque chose arrive pour une bonne raison. Je ne résiste plus. Un calme s'installe.

Chapitre 24

La pacification

« Chaque seconde, à chaque instant,
tout est exactement comme cela doit être.
C'est cela, la toute-puissance. »

– Mère

Grâce à la communication avec les anges, nous pouvons recevoir et transmettre des messages d'amour sous leur guidance. La lumière divine entre alors en nous lors des soins, elle nous transforme, nous pacifie et nous relie à notre être parfait.

Un élément intéressant est la pacification de l'énergie des étudiants et le changement de perspective qui s'opère par rapport à leur vie. L'énergie des anges transforme leurs vibrations, et leur environnement se modifie par la suite. Plusieurs de mes étudiants ont vu leur vie se modifier considérablement en ayant recours aux anges dans différents aspects de leur quotidien.

Il n'y a plus de bataille ni de conflit. Ils laissent la vie se manifester, sans résistance. Il n'est plus nécessaire de chercher le pourquoi et le comment des choses. Accepter ce qui se présente suffit en sachant que rien n'est le fruit du hasard. Le hasard n'existe pas, il n'y a que des rendez-vous. Tout est orchestré par le divin.

En nous référant aux anges plutôt qu'à la fatalité, il est remarquable de constater à quel point les évènements et les situations s'organisent dans notre vie. Une synchronicité étonnante se met en place. Les anges placent les gens et les situations idéales sur notre route, toujours pour notre plus grand bien.

Un étudiant m'a raconté qu'à la suite de sa formation en Tianshi, son environnement de travail s'est métamorphosé. Mario gère une équipe d'ouvriers depuis des années. En pratiquant le Tianshi, son énergie s'est adoucie, il se sent plus calme et posé. Les répercussions sur son équipe de travail sont immenses. Par la nouvelle énergie qu'il dégage, il a constaté que les équipements mécaniques ne brisent presque plus. Les conflits entre employés sont devenus presque nuls alors qu'avant ils étaient très présents. Par sa nouvelle vibration, son environnement s'est modifié positivement.

Même chose pour Carole. Elle s'est présentée lors du Tianshi avec une énergie de conflit et d'affrontement. Elle ressemblait à une guerrière, à une batailleuse. Tranquillement, au cours des différents niveaux de Tianshi, j'ai vu son énergie s'adoucir, se pacifier. Elle développait de la tolérance envers les autres, son cœur s'ouvrait. Son visage devenait plus lumineux et reflétait plus de joie qu'auparavant. Une transformation s'installait. Et son mari lui dit, tout gentiment : « J'ai retrouvé ma femme. »

En reprenant contact avec leur pouvoir personnel, grâce aux anges, certains étudiants disent se sentir « de retour à la maison ». L'énergie angélique devient leur foyer, leur vraie demeure. Certains parlent de retourner à la source, de rentrer chez eux. Une paix s'installe en eux et celle-ci se reflète sur tous les aspects de leur quotidien. C'est une forme de renaissance à eux-mêmes.

Après les formations en Tianshi, les étudiants portent un regard plus zen sur la vie. Plusieurs démissionnent d'un travail ne leur correspondant plus pour s'orienter vers leur passion, quelle qu'elle soit. Une confiance quant aux situations de l'existence se met en place.

Chapitre 25

Un nouveau mode de vie

« C'est une bénédiction profonde que de laisser l'intelligence de Dieu vivre à travers vous. »

– Richard Moss

Un grand plaisir lors de soins Tianshi est le sentiment de contribuer à un plan plus grand que nous. En tant qu'humains, nous sommes limités. En nous alliant au divin, tout est possible.

Au contact de l'énergie des anges, nos vies changent en mieux. Une paix s'installe. Un lâcher-prise se met en place et les impacts de cette modification énergétique se répercutent sur tous les aspects de notre vie.

En compagnie des anges, un univers de joie et de paix est maintenant accessible. Il n'en tient qu'à nous d'y entrer. En travaillant de concert avec le monde angélique, l'énergie des anges nous offre la possibilité de nous rapprocher du divin en nous. Elle nous permet de nous reconnecter à cette partie de notre être qui baigne éternellement dans la paix et de retrouver un état de béatitude ; le sentiment d'être de retour à la maison.

Nous ne pouvons nous dissocier de l'énergie angélique. Les anges sont nos compagnons de tous les jours. Une fois que nous y avons goûté, nous ne voulons plus revenir en arrière. Une paix et une plénitude nous accompagnent quotidiennement.

Je constate avec du recul que le Tianshi est plus que des soins énergétiques. C'est un mode de vie. C'est une façon plus harmonieuse de voir la vie et d'interagir avec elle. Au contact de l'énergie des anges, nos vies changent en mieux.

Le Tianshi est plus que des enseignements, plus que des soins énergétiques, plus que des messages. C'est un mode de vie que nous « intégrons » chaque jour.

Au départ, je croyais enseigner une façon d'entrer en contact avec les anges et l'autre dimension. Je croyais guider les individus vers les anges. En réalité, ce sont les anges qui m'ont transformée. Je vibre différemment et c'est cette vibration que je désire maintenant transmettre. Une énergie d'amour, d'unité et de collaboration. Un retour vers notre essence divine.

Prendre son envol

Je dis souvent que le Tianshi est en constante évolution. Ce qu'il est aujourd'hui ne ressemblera peut-être pas à ce qu'il sera dans quelques années. Il déploie tant ses ailes, et ce, à un rythme au-delà de mes espoirs.

Cette vibration angélique qu'est le Tianshi nous ouvre la voie à un monde nouveau, à un mode de vie où la facilité et la joie se côtoient quotidiennement.

Parallèlement, notre planète est en transformation énergétique importante. Comme le Tianshi est une fréquence vibratoire et que notre planète subit actuellement un grand changement énergétique, nous pouvons nous attendre à des modifications majeures dans la manière dont se vivra le Tianshi dans les années à venir.

Que sera le Tianshi demain ? Dieu seul le sait… et les anges s'en doutent.

Message angélique

« Les temps sont en changement, de nouvelles vibrations descendent dans notre monde. Des vibrations d'amour et d'accueil. Les temps sont à la collaboration et à l'entraide.

Nous, les anges, sommes prêts à vous guider afin d'ouvrir la voie et de faciliter votre passage dans ce nouveau monde. Le temps n'est plus aux regrets, car aucun regret n'existe vraiment.

Permettez-vous de passer à ces nouvelles énergies et de recevoir notre bienveillance.

À travers les méandres de la vie, votre voie est déjà tracée. Notre présence réconfortante auprès de vous sera votre appui.

Le temps est à la découverte, à la découverte de soi. Tout se passe en vous. Comme il a déjà été dit, "l'extérieur est le reflet de votre vie intérieure".

Vaquez à vos occupations en étant conscients de notre présence. Unis, tout devient possible.

La nature humaine est telle que des possibles incroyables se manifesteront. Nous avons tant foi en vous. Vous êtes des êtres d'amour, des êtres de lumière.

Laissez notre regard d'amour s'unir à vous. »

Gabriel

À propos de l'auteure

Johanne Therrien détient une maîtrise en soins infirmiers. Ayant œuvré pendant 25 ans comme infirmière, elle s'adonne maintenant à ses passions : les soins énergétiques et la communication avec les anges. Elle a suivi des formations en polarité, reiki, médecine énergétique, thérapie par le rêve, sophrologie et médiumnité. Elle a aussi étudié auprès du célèbre Charles Virtue (fils de Doreen Virtue) en communication angélique.

Auteure, conférencière, formatrice et médium, elle a fondé l'*École de Tianshi* (Tianshi, signifie « ange » en mandarin). Cette école offre des enseignements sur l'approche Tianshi, une synthèse de ses 30 années de pratique en soins énergétiques et des communications reçues des anges.

Pour plus d'informations sur les formations en Tianshi, consultez le :

www.ecoledetianshi.com

MARQUIS

Québec, Canada

RECYCLÉ
Papier fait à partir de matériaux recyclés
FSC
www.fsc.org
FSC® C103567

Imprimé sur du papier Enviro 100% postconsommation traité sans chlore, accrédité ÉcoLogo et fait à partir de biogaz.

100%

PERMANENT

BIO GAZ ÉNERGIE